生命，因**閱讀**而**大好**

善待自己的一年

a year OF loving kindness TO myself

布莉姬・勞瑞 Brigid Lowry——著

呂玉嬋——譯

獻給我親愛的朋友、可愛的家人

目錄

contents

輯一 善待自己的一年

輯二 善待自己的提案

般若

你所有漂亮的衣裳都救不了你，
你擺脫不掉。
浮世的苦難
會持續浮現。
繼續做佛吧，
白花在你敞開的臂彎。

a year of

loving kindness

to myself

輯一

善待自己的一年

我慢慢吃，用心吃，欣賞盤中的食物。我放慢走路、說話和做決定的速度。

一月

起點

我答應要溫柔地接納自己

新的一年，我要努力練習善待自己。為什麼？因為我的童年很糟糕。

因為學會對自己好之前，我無法對別人好。

因為我不懂得如何對自己好，沒人教過我。小時候，我的爸媽沒有樹立慈愛的榜樣，他們忙著喝酒，沒空。

因為我不快樂，而且深刻地體會到，許多的不快樂都是自找的。

因為安・拉莫特（Anne Lamott）說得沒錯，生活很奇妙，但也很奇怪、很難。

因為達賴喇嘛說過，他的宗教就是仁慈，我想感受到他的微笑——至少在某些時刻。

那個像女巫的聲音有時吵得要命，她說：他們不回你的訊息，因為他們不喜歡你；你的髮型有夠醜；你不該說那句話；你的渴望很危險；你做的每一件事都不夠好。別再繼續做你自己了。

這樣的思考方式通往一條漆黑、蕭瑟的路，不會有好結果。我受夠了，我不想再繼續囚禁在自己打造的「我不行」牢籠中。

南半球正值夏天，是游泳、吃冰淇淋、聽音樂、享受慵懶之樂的季節。

這一年會帶來什麼？我能學到新的生活之道嗎？

＊本書作者生活於澳洲，書中季節劃分為南半球時序。

二月

慢慢來

時間還有很多

暑假結束了。人們從各處歸來。學校開學，天氣炙熱。粗魯的司機，暴躁的孩子，煩心的家長。

結束一段感情，我很痛苦。不停地咀嚼過去，思考誰做了什麼。我試著弄明白，但這無法解決問題。過去的都過去了，一切已經結束。我注意到自己想用計畫和活動來填補空虛感。

急於走向未來，是我一貫的行為模式。放慢腳步、完全活在當下，則是我終生的挑戰。

「你整天到處團團轉，好像一隻馬蠅。」我公公經常取笑我。

「你總是列出一大堆計畫，但沒有一次可以堅持到底。」一位朋友指責我。

我不是唯一有這種行為的人。這很常見，因為「更好的下一步」是誘人的幻想，尤其眼前這一刻充滿著挑戰時。

為何稍微歇息、放鬆一下這麼難呢？莎莉・坎普頓（Sally Kempton）認為，自我對於忙碌的癡迷，其實是對於自身空虛的恐懼。

老是忙忙碌碌，可能會永遠忙不完。而且是窮忙，既沒有時間充分了解任何事，也沒有餘裕品味當下的一切。我們的文化讓我們以為，做越多越好，成就越高越棒——但是，不斷攀升累積的壓力、焦慮、抑鬱、心臟病和癌症發病率，可不是什麼好兆頭。對自己的心理健康和幸福負責，是非常重要的事，這不單是為了自己，也為了愛我們的人、為了我們所生活的社會。

不僅為了我自己，也為了我的孫兒、我的社區，我答應要以健康平和的方式生活，讓日子充滿創意與樂趣。

我要練習少做一件事，而不是多做一件事。我要全心全意做好每一件事，而不是同時處理三件事。我要學著愛護、尊重自己的身體，而不是不計一切往前衝。

這樣的練習，有助於我與當下的簡單和豐富保持聯繫。「放慢到當下的速度」，聽起來容易，做起來需要努力。如果此刻非常美好、讓人心情愉悅，那麼放慢腳步並不難。但即便是這樣的時刻，若沒有足夠長的時間來感受與品味，我們也可能錯過真正的滋味。至於面對更困難的情緒時，依然要自己活在當下，聽起來或許不合邏輯，但這才是聰明的做法。忠於我們的人性，包括我們破敗的角落和黑暗的地方，可以帶來深刻的療癒。人類的情緒波動來來去去，放鬆下來，讓情緒自由流動，情緒就不會構成問題。

不妨試試禪宗老師羅斯・博萊特（Ross Bolleter）提出的「當下五環馬戲」（The Five Ring Circus of Now），這個練習帶有冒險精神，可以隨時進行。

首先，保持坐姿端正，放鬆身體，開始注意呼吸——既簡單又輕鬆。當你感覺身心穩定後，開始留意身邊的聲音。如果你迷失了，回到呼吸上。將注意力擴大到呼吸、聲音和身體的感覺，像是膝蓋發癢、腹部繃緊，任何正在發生的感覺。如果你迷失了，回到呼吸上。把注意力擴大到情緒，像是疲憊、悲傷、平靜，你此刻的任何心情。如果你迷失了，回到呼吸上。最後擴大到你的念頭。注意思想的浮現，但不要干涉它們，讓它們輕輕地自由來去。這是讓你在當下能放鬆休息的妙招。

星期天。我總是拖到最後一刻才準備前往計畫要去的地方，但這時我已經筋疲力盡了。然而，我很難放棄計畫，屈服於「我太累了」的現實。

我決定泡杯茶，坐下來享受——至少我這麼打算。但我聽到那個聲音，那個叫人崩潰的聲音——指責我，羞辱我，否定我，把事情說得好像有多嚴重。

你應該要去，為什麼不前幾天就去呢？你真差勁，事情都做不好，你根本應付不來。

我拒絕接受這種情況分析。整晚折磨自己，糾結於該不該休息，實在太浪費時間了。我要採用新方法，認真留意自己的精力，並採取相應的行動。我不能什麼都做，我不需要向誰解釋我的做法，也不必為我的決定辯護。我有權對某些事說「不」，而不必因此內疚。

到底什麼是善待自己？善待自己就是，在筋疲力盡以前停下來；在情緒低落時，買自己愛吃的東西吃，聆聽能夠支持自己、激勵自己的話；做個瑜伽舒緩腰瘦背痛，讀一讀床頭的那本書。

我告訴自己，就是現在，美好的那一刻、唯一的那一刻，就是現在。只要盡力，一步一步慢慢來就好。

三月

盡情地玩

珍視自己讓我變得更堅強

早年生活中，我沒有學到怎麼盡情地玩。我的爸媽是酒鬼，活得亂七八糟。跟他們住在一棟非常老舊的大房子裡，我學會保持安靜，學會生存，學會得過且過。兒時照片中的我，是一個嚴肅的孩子，上學偶爾能獲得知識上的樂趣，但學校對我來說依然不怎麼好玩。等到長大一點，有段時間我對性愛、毒品和搖滾樂感興趣，後來卻發現它們不是通往寧靜的真正道路。成年後，我學會實現目標、過著理智的生活，並準時歸還圖書館的書、寫作、存錢，還有善加利用食物，做一個盡責的公民。不過，我仍舊不擅長盡情地玩。

小時候，書是我的樂趣所在，無論日子過得再糟糕、家庭環境再暴力，我都能躲進書的天地，與生活美好的虛構人物一塊消磨時光。我喜歡喬伊絲．蘭克斯特（Joyce Lankester Brisley）的《邦奇》（*Bunchy*，暫譯），故事主角是一個小女孩，她發揮創造力和想像力，在慈藹的祖母

家玩得不亦樂乎。我也把喬伊絲・韋斯特（Joyce West）的《牧人之路》（*Drovers Road*，暫譯）讀了一遍又一遍，梅麗、蓋伊、休和伊芙騎馬在紐西蘭的崎嶇南島冒險犯難，真是精彩。我還喜歡凱特・瑟蕾迪（Kate Seredy）的《好主人》（*The Good Master*，暫譯），主人翁是一個穿著大襯裙的女孩。行為魯莽的她寄宿在親切的叔叔、嬸嬸家，她的表哥一開始不喜歡她，但後來成為她的好夥伴，兩人還一塊騎著野馬參加鄉村市集。

由凱・湯普森（Kay Thompson）創作的《埃洛伊絲》（*Eloise*，暫譯）有精美的插圖，是另一本我愛不釋手的書。故事描述一名女孩跟著保母住在紐約的一家飯店，她在那裡四處遛達、盡情玩耍，引發了幾場無傷大雅的騷動。她叫客房服務，幫她的烏龜和小哈巴狗點了葡萄乾和牛骨頭，並請人陪她和保母一起看電視。這些舉動惹惱了飯店員工和其他住客，但她玩得很盡興。我的孫女也相當喜歡這本書，我們經常一起閱讀。

既然這個月的目標是盡情地玩，我決定跟孫女一塊體驗歡樂的時光，當成送自己的生日禮物。我在臨海的旅館訂了一晚，那裡可以觀賞海景，還能叫客房服務，我們出發前討論起這件事。

「會有春捲嗎？」孫女問我。她最近在學校用菜園的蔬菜做過春捲。

「不太確定，可能會有。」

「那牛奶巧克力呢？」

關於這點，她迫切地想知道。因為她的爸媽習慣吃黑巧克力，不許她吃太多糖，所以她希望有機會吃到巧克力熊或牛奶巧克力。

「可能有。但我想主要會是烤雞三明治加薯條一類的東西。」

「好耶！」她開心地點點頭。「我可以點菜嗎？」

「當然可以啊！」

我們喜歡我們的房間和陽臺的海景。我們喜歡去公園、滑板場和海邊。早上六點，我們就坐在床上看卡通，她吃一小杯冰淇淋，我喝濃茶。晚餐我們叫了客房服務，早餐到海邊的咖啡館享用。我們去餐廳兌換飲料招待券時，她嚐到了人生的第一口巧克力奶昔。

她說：「天哪！這是我吃過最好吃的東西。」然後繼續畫美人魚。

在泳池玩耍時，她告訴我，美人魚游泳時應該會擺動手臂。我聽錯了，以為她說美人魚游泳時應該扭屁股。總之，美人魚可以擺動手臂，也可以扭屁股。回家路上，我們兩人一致認為每年都該來一次。

我很少在特殊日子隨便花錢、不看數字，但這一趟實在是太開心了。

快樂是個人的事，可以獨自享受，也可以結伴找樂子。不必複雜，也不一定要花錢。

現在會讓我覺得快樂的事：看到路上有鬆脆的食物就踩上去，漫無目的散步，怪表情大賽，冰淇淋，玩水，與快樂的人共度時光，在客廳跳舞，打扮得漂漂亮亮。

你對快樂有什麼看法？快樂不是一種觀點，而是一種活動、一種態度。讓我們快快樂樂地生活吧！學習達賴喇嘛，他的信仰是仁慈，他的既定目標是快樂。

三月二十五日。

願下一個片刻成為最美好的片刻。

我曾經在給別人的生日賀卡寫下這句祝福語。今天，我比以往任何時候都更接近死亡，但我充分活在當下。若非此刻，更待何時。我買了酸麵包、芒果、油桃，還有點綴著紅花的黑色靠墊，與一張柔軟的藍色地毯。祝我生日快樂，願下一個片刻成為最美好的片刻。

四月

面對困難

我發誓要張開雙臂擁抱這一切

四月是我最悲傷的月分，原因我也不知道，但多年來一直如此。可能是夏天結束了，日照越來越短，讓人不由得鬱悶了起來。我無法解釋清楚，但就是這樣。

一如往常，我早晨靜坐冥想，但體驗到的不是喜悅的日光、從容和喜悅。恰好相反，今日我的思緒不寧，身體感覺變化不斷，充斥著不愉快的感受。

我深呼吸，放鬆身體，把注意力從頭掃到腳，留意緊張的感受。盡可能放空，進入各種感覺，讓身心變得柔軟。我一遍又一遍吐出氣息，任它自由流動。我沒有試圖讓任何東西消失，只是靜靜坐著，留神觀察。當我包容它時，我肚子裡的恐懼化成破碎的悲傷，不單有著我自己的哀痛，還有世上無盡的不幸。當我接受事物的真實狀態，冥想會更溫柔、更平靜。這就是事物的現狀，至少此刻如此。不妨順其自然，垂首接受，少一點牢騷。

塔拉．布萊克（Tara Brach）把這個方法稱為「徹底接納之道」。確實很徹底，來者不拒，無論發生什麼，都以「謝謝你，我接受」的態度迎接。

將困難視為貴客，這不是一般的反應。不過我們可以從困難中學習，雖然得到的教訓未必是輕鬆的。

你能領會到什麼？多少痛苦是自己的想法造成的？我能放下什麼？想解決目前的問題，我還可以做些什麼實際的事？還是應該任由事情自然發展，相信問題會自行解決，這才明智呢？

每當陷入自我厭惡或絕望之際，我們總是憑直覺以為，不該給自己大量的關懷和愛。讓我們面對現實吧，你不配擁有任何美好的東西——起碼你邪惡的另一面會這麼告訴你。但我學會一件事：心情越糟，就越需要自我關懷和自我同情。自我關懷和自我同情不是一個固定的姿勢，而是天天都在進行的舞蹈。我們應該深入傾聽

身體和心靈，相信生活會帶領自己前往最有益處的地方。

情緒低落時，我很難察覺美好的瞬間，但即使是糟透的一天，也存在著微小的恩惠和祝福。

在垃圾堆裡找到一支乾淨的舊式木釘，做一個木釘玩偶剛剛好。用罌粟花瓣做裙子，毛根當手臂，再畫上一張小小的臉蛋。

前往讓我感到愉悅的咖啡館。咖啡師有滑稽的幽默感，兩位女服務生親切友善。點一壺香料茶，奶味濃，不甜膩。

與坐在人行道上捲菸的女人交換一個微笑，她的男朋友正在打開便宜的白酒。她有著迷人的笑顏。

這種生活中平凡的小快樂，在困難的日子裡帶來了安慰。

善待自己，是當你有需要時，給自己一杯茶和止痛藥；是悲傷來臨時讓自己悲傷，為自己的痛苦騰出溫柔的空間；是允許你犯錯、做傻事，承認某些事對你來說太過沉重；是知道你解決不了他人的問題，但一副傾聽的耳朵、一顆安靜的心和一塊蛋糕可能會幫上忙；是記住這一切終將過去——這個道理在美好時刻裡難以接受，但在困難的日子卻非常管用。

五月

善待自己的感覺

它已經在這裡了，讓我去感覺它

在佛寺生活期間，住持給大家起了法名，我叫Metta，意思是「慈愛」。我以為那是因為我渾身洋溢著愛的光芒，結果不是。

「你有太多的憤怒。」僧人告訴我，他希望我能逐漸變得像Metta這個名字。他的師父給他取的法名是Khantipalo——「耐心的老師」——因為他缺乏耐心。

沒錯，我不想承認，但這是事實。我可以客氣，可以善良，但當我生氣時，會有一個狂野的愛爾蘭女人出現，怒火中燒，我覺得她很可怕。

同樣地，我發現我很難接受自己的恐懼、羞恥、嫉妒、孤獨、焦慮和愛批評的心態。其實這些都是人類的正常情緒，但許多人一生都在壓抑，否認讓自己不舒服的感覺，或試圖用更愉快的感受來取代。對於冥想者和瑜伽修行者來說，這叫做「精神迴避」，講白一點，就是「在狗屎上撒糖」。不過，卡爾・榮格（Carl Jung）相當仁慈地指出，佯稱自己擁有愛、和平和幸福，其實是一種失敗的策略。我們若是忽視黑影，黑影就會在暗中狡猾地掌控一切。

我最悲傷、最奇怪、最破舊的部分，長期遭到我自己的唾棄與忽略，但這是最需要我溫柔以對的地方。迴避它們就是在否定真實，但我想活得真實。內心的掙扎不單是痛苦的，而且徒勞，只會加劇困難。

鈴木俊隆禪師告訴弟子：「你們已經完美無缺了，但都可以再改進一下。」我這個人基本上沒什麼問題，沒有缺陷，也不需要修補——從這個觀念開始思考真是太棒了。但禪宗真是矛盾，如果我已經很完美，那還需要改進什麼呢？我認為，我需要加強誠實面對困境的能力，而不是假裝困境不存在。我也需要培養一顆寬洪海量的心，去容納一切：痛苦、渴望、不知所措、自我懷疑和午夜的恐懼。

情緒具有挑戰性，但絕不如你所想的那麼糟糕。傑夫・福斯特（Jeff Foster）說得很好：「你這一生要面對最壞的事，就是這一刻所發生的一個想法、一種感覺、一道聲音、一股氣味。」

首先，給正在發生的情緒一個明確的名字：恐懼、傷痛、悲傷、羞愧。誠實且清楚地辨識當下的情緒，給它一個位置。還有，老實一點，如果你生氣了，那就生氣吧，如果你難過，那就難過吧。避免淡化和壓抑。

下一步，讓身體的感覺純粹化，以溫柔和善的方式呼吸，腹部繃緊，眼睛周圍放鬆，下巴緊縮。就是這樣。

一旦允許情緒進入，情緒就會更快過去。替情緒找藉口、試圖理解它的意義、催促它快點消失、找出罪魁禍首，或是一遍又一遍地解釋情況，直到你終於占了上風——這些全都沒有意義。無止境地反覆思考只會放大問題，讓問題進一步糾纏你。

情緒就像個人的即興演出，但它們不屬於我們，真的不屬於我們。它們完完全全只是人類情感的表現。擴大你的眼界，把情緒看成人類共有的，而不只是屬於自己的，這麼做有助於減輕情緒的束縛。透過辨識自己的情緒，輕柔地感受它們在身體中的變化和弛緩，生活會變得更輕鬆、更開闊。起碼，不要讓事情變得更糟，因為憤怒或心懷不滿的行為會帶來一大堆麻煩。

你有一項神聖的任務，那就是相信自己。放鬆下來，接納自己的感受，溫和地接受出現的一切，相信這只是當前的狀態。

舉個例子。在寫這本書的過程中，我遇到了一個「哦，死定了」的時刻。我收集了好幾頁的句子、未完成的想法和潛在觀點，但不知道該怎麼整理歸類。我的精力和熱情降至谷底，幾乎失去了自信。所以我決定重新命名檔案，結果一個失手，居然刪除了整份文件。

我不知道怎麼救回被刪除的資料。一開始，我難以置信，接著驚慌，最後開始生氣。

我對電腦不在行，我上Google瘋狂搜尋，還是不知道該怎麼救回檔案。我心煩意亂，洩氣極了。後來，當我去二手商店當志工幫忙整理書籍時，我不但遲到，一到了那裡，一位向來很刁鑽的女同事還說我挑的書太多，而且她擺書的方式顯然比我厲害。

我跟她說了聲失陪後，就走到外面的花園，掉了幾滴淚。我不知所措，氣自己電腦能力太差，也氣那個難伺候的女人。一切都很糟糕，我一點也不喜歡。當然，諷刺的是，我正在寫關於接受自己情緒的文章。

我再一次察覺到我固有的行為模式：自責、感情用事、焦慮不安。但是，我不再信這一套了。我靜靜坐著，看著旱金蓮的葉子，去感受體內的感覺，感受我的自憐、憤怒與羞愧。之後，我回去告訴那位女同事，等我心情好一點再到店裡。我沒有找她大肆檢討反省，也沒有跟她大吵一架，我猜她鬆了一口氣。這事不值得大驚小怪。我回到家，剝了顆橘子吃，也把電腦的問題解決了。我的心情還不錯。正如達賴喇嘛說的：「經過四十年的修行，我認為我可以看到一點進步了。」

六月

泰然處之

願我能從容度過生命的流轉

光禿的樹木，更保暖的衣服，更厚重的被褥。在伯斯，冬天總是帶來意外的驚喜。夏天似乎永無止境，海灘、金色的日子、嬉戲的時光。秋季稍縱即逝，幾乎不容易察覺。然後，突然間，多麼讓人驚喜，白晝變短，一切都因涼爽而起了變化。

生命如季節一般流動不止，林無靜樹，川無停流，人也不例外。有時，在不知不覺中，日子一天天過去，我們因循舊例，感覺一切都是老樣子。但是，季節變化提醒了我們，花朵、樹木和溫度並非永遠不變，人與事亦然。一件大事發生時，無論是降臨在自己或親人身上，還是在更廣闊的世界中，都會讓我們意識到，我們對於生命與它帶來的一切，幾乎沒有主導權。這是多麼令人震驚。

徹底承認不知道接下來會發生什麼，其實會讓人感到莫大的解脫，但同時也感到脆弱無比。這也可能令人恐懼，特別是那些經歷過生命之慟的人。

泰然處之，向來不是我的強項。打從有記憶以來，我就被貼上「過度敏感」的標籤，我不知道這是我的天性，還是我與酗酒、遭到忽視、暴力和自殺共處的後果。無論原因為何，我從來不是人群中最沉穩的那一個，生活的變化莫測總是輕易動搖我。因此，培養一顆平靜沉穩的心，對我來說極為重要。

有人認為痛苦的定義是：心靈無法適應相關的經歷。不過，問題往往不在於經歷，而在於我們與經歷的關係。如果把焦慮和恐懼加入此刻——擔心已經發生或可能發生的事——我等於給自己帶來了雙重的痛苦。反之，不去否認實際正在發生的事，那麼這一刻的痛苦就可以忍受。接受現實不逃避，就能在生活中找到從容和優雅的基石。一如禪宗老師葛蘭．沃利斯（Glenn Wallis）提醒他的學生：「與當下在一起。」這不容易，因為舊有的行為模式總是根深蒂固。同時，那也代表要留意此刻正在發生的事，去接受它，並捨棄無益的念頭。一次又一次，從現在直到永遠。我發現，如果我留在身體裡，把注意力集中在具體的事情上，比如雙腳踩在地上的感覺，那麼即使是噩耗襲來的瞬間，我也承受得住。

近來，結束一天回到家後，我會先洗個熱水澡，換上我的創意休閒服——也就是睡衣。接著躺在床上，放鬆身體，默默背誦泰然處之的佳句：

> 願我能在困難面前保持沉穩，願我能從容度過生命的流轉。

尋找讓你有感覺的佳句，當它變得了無新意時就換掉，維持這個練習的活力。

> 這只是現況，我平心靜氣迎接改變的那一刻。

我現在每天都很期待這個練習，這不單是練習，還是一種享受，這種放鬆方式帶來了心靈的平靜，也增加了愉快生活的能力。我仍然必須面對伴侶關係的結束、老化的挑戰和世界政治的恐怖，但我已能用更平靜的心去面對。

泰然處之不是冷漠，也不是無所謂，而是包容正在發生的一切，以及對一切感到興趣。泰然處之是面對困難時展現優雅，但不要求事情改變。我們必須培養這種心態，才能以更多的智慧處理浮現的任何問題。

願我是一棵智慧老樹，在悲傷、恐懼和心痛時保持沉穩。願我如禪修的建議，成為一朵出淤泥而不染的蓮。

七月

接納

很完美，如同現在一樣

很冷，我不喜歡這樣的天氣，我向來就不喜歡冬天。童年回憶盡是灰濛濛的日子、凍瘡、古老的熱水袋和沉悶的大衣。

日子其實非常辛苦，我還在為分手感到難過。我與伴侶住在同一棟公寓，所以不只痛苦，還很尷尬。

我曾希望一切順利解決，即使辦不到，起碼有個文明的結束。但目前還沒有。有時，不經意間，我發現自己渴望他，雖然離開的人是我，雖然我們根本不適合。我就像一個很想喝酒的酒鬼，儘管知道喝下去我就完了。

與環境發生衝突時，會給自己帶來非常多的問題。吉杜．克里希那穆提（Jiddu Krishnamurti）有句名言，他說他的祕訣就是他不介意發生了什麼事。哇，他的境界真高。即使現實不如我願，我也可以努力讓自己適應現實。我確實相信，如果我能愛上生活給我的一切，我會更加快樂——或多或少。

有一次，鈴木俊隆禪師主持禪修活動時，開頭第一句話是：「你們此刻正在經歷的問題……」瑜伽修行者等著他告訴自己，他們的問題會因為美好的冥想而消失，但最後他卻說：「……將在你們的餘生中繼續存在。」的確，不管我們有多少問題，我們的頭號問題就是我們不想有任何問題。

我的朋友寫道：「讓我們迎接冬天，讓我感受這個季節。」她信奉榮格心理學，是個很有智慧的人，這樣的話語鼓舞人心。

冬日有冬日的美。靜謐如鏡的湖面，清新的空氣，逐漸消逝的淡藍光，還有回家時的溫暖。冬天是冬眠、熱飲、保暖大衣、漂亮圍巾和舒適小帽的季節，是浴袍、拖鞋、書本和熱湯的季節。還有雙彩虹和繽紛的雨傘。儘管我心碎、困惑、孤單和悲傷，但我正在學著接受我目前的生活，就這麼簡單。我慶幸我還活著，我知道，如果能夠心懷順從，我一定能夠度過這個難關。

接納是肯定的實踐，是包容一切的能力，如尼采所說，愛你的命運。接納也涉及韌性，什麼是韌性？就是堅定地接受現實，感受生活的意義，具備隨機應變的特殊能力。韌性也包括接受無常，因為如果一切都是短暫的，根本沒有必要大驚小怪。

衰、利、毀、譽、稱、譏、苦、樂——動搖心境的人間八風吹拂不止，誰也逃避不了，這就是為何我們需要冥想。冥想讓我們能在此地此刻成為自己，學會用耐心和愛心接受所有的遭遇，學會接受當下瞬間的面貌。

所以，我每天靜坐冥想，我的導師就是這一瞬息、這一心痛、這一抹冬陽。

就在剛剛，我收到了平生第一張超速罰單，在限速五十公里的地方，我開到了六十三公里。永別了，兩百塊，至少我有錢繳罰單，幾週後我就會忘記這一切。這證明我越來越善於接受，不過我還是唸了我的咒語：哦，他媽的！哦，算了。

八月

焦慮

已經夠了，我有足夠的東西

外頭仍然寒冷，但陽光明媚，春天肯定已來到了不遠的角落。有著優雅條紋的鴨子，領著六隻毛茸茸的小鴨子在湖邊。附近花園開了水仙和茉莉，果樹也剛綻放出粉紅色的花朵。身邊有這麼多的美景，叫我怎麼能不快樂呢？哎，真的心煩時，我還是可能不快樂。

我一直生活在焦慮中，有時輕微，有時痛苦不堪。學著在這方面同情自己的痛苦，學會與痛苦共存，不被左右，對我來說是一段深刻的旅程。

焦慮，源自內心底層的一股恐懼，隨著沉重而無名的擔憂甦醒。總是害怕恐怖的事情即將發生，因而緊繃下巴，展開負面的自我對話，眼睛也看不到美好的事物。焦慮是邪惡的伴侶，總是呈現最壞的想像。而擔憂呢？一位具有大智慧的僧侶曾一針見血地說，擔憂就是為錯誤的事情祈禱。

我這幾天過得不好，充滿了焦慮。

兒子一家人外出時，我通常喜歡幫他看家顧狗，但這次對我來說是一個挑戰。先是，在為這一星期的短暫住宿打包行李時，我一直拿不定主意。我很少能夠輕裝就上路，因為有那麼多的重要決定得做：帶幾雙拖鞋、哪些茶葉、幾本書？不只是冰箱裡的所有食物、各種美術用品、半個藥櫃和所有的鞋子，我連梨樹上那隻鷦鴣都好想帶去。

於是，我的小車塞了太多東西，焦慮也伴隨著我踏上旅程。夏天時，我很喜歡他們家，又寬敞又通風，公園就在旁邊。但是，屋子鋪的是磁磚地板，冬天非常冰冷。兒子嚴令不准小狗跟我睡在床上，小狗不聽話，抓門抓了一整晚，嗚嗚咽咽發出傷心的呼喚。我睡的房間也很冷，我醒著躺在床上，一點也不開心。

第二天，我跟一位朋友說，這段時間我不想跟她見面。這席話我想了很久才敢開口。我陪她走過一段漫長艱辛的道路，但現在我需要休息，因為我不再享受和她在一起的時光，那會影響到我的心理健康。她是我的好朋友，所以這個決定不容易。她沉痛地接受我的決定，我們握握手，約定幾個月後再見。開車回家時，我稍微鬆了一口氣，但仍舊感到內疚、不安和情緒低落。

我決定去海邊走一走，提振一下心情。

停好車，我突然內急，但廁所很遠，看著四下無人，我蹲到灌木叢後方。或許大家知道，其實女性蹲著小便不太舒適，一不小心就會尿到自己的鞋子、大腿或裙子上。這一次，我尿到了褲子。這還不是最糟的，我站起來時，一大團泥爛的褐色東西從赤裸的腳趾間擠出來——我居然踩到一大坨的狗屎。

看來上天不想讓我在此刻感到快樂、從容和放鬆，無論我多想避免，都必須處理焦慮、怪異和沒自信的感覺。於是我走到海灘上，很高興海沙、海水洗去腳上的髒東

西，也隱隱帶走了我內心的髒汙。

把困難視為貴客來迎接，聽起來容易，卻不是我們通常的反應。但如果把困難當成一個全然不受歡迎的客人，那麼一個障礙瞬間會變為兩個，因為企圖甩開問題會造成壓力，又因為問題不可能擺脫得開，所以起初的問題反而變得更加複雜。

你可能會爭辯：你說的都很正確、很容易，但我面對的是真正的問題，我媽媽有阿茲海默症，我的狗被車撞了，我被診斷出癌症——請自行填空。

親愛的，是這樣的：凡是人都有煩惱，沒有人——我再重複一遍，沒有人沒煩惱。以為自己就該過著無憂無慮的生活，這樣的想法非常狂妄自大，因為大家都在同一條船上。焦慮、恐懼、困惑、悲傷、孤獨、矛盾、厭世……無論是心靈還是身體的痛苦，都是人類存在不可避免的一部分，與快樂、喜悅、期盼等更美妙的情緒一樣，都是我們與生俱有的。

「C'est la vie, n'est-ce pas?」（法語：這就是生活，不是嗎？）這個真理我聽過上千遍了，現在再聽一遍，希望我會記住，希望我能領略。況且，與無數人的煩惱相比，我的困擾在人類的範疇中絕對微不足道。

以斯拉．貝達（Ezra Bayda）在他的佳作《初學者的衰老》（*Aging for Beginners*，暫譯）中提到了這一點。他是一位禪宗老師，長期面臨嚴重的健康問題和慢性疼痛，如今與妻子住在養老機構。他提出解決困難的冥想方法，也提供一個智慧框架，用於控制、處理生活中的深層恐懼，尤其在生命接近尾聲之際。

至於我自己，大海和時間多少沖淡了我的焦慮。散步有用，一杯茶也有幫助。做能做的事來減輕困難，也有助於控制恐懼。後來，我坦白地告訴兒子，狗的事我沒轍。他於是讓步，改口說狗可以和我睡在床上。親愛的狗狗，我親愛的暖水袋，現在我們都更開心了。我也換了一間更舒適的房間睡覺，煮湯做飯，舒緩情緒。我坐在花園曬太陽，欣賞垂蜜鳥。我放鬆身體，不讓腦袋亂糟糟地想著一些不好的事。

我開始享受這間屋子、這段冒險和孫女的美術用品。在一天之中，我難得有這樣的時刻，真心覺得生活沒有什麼問題。每一天，我都會努力去發掘這樣的時刻，細細品味，不把它們視為理所當然。你培養什麼，什麼就會蓬勃發展。我告訴自己，這裡沒有老虎，今天足以容納一切，我很安全。活著真好。

九月

驚奇感

願我珍惜這珍貴的生命

春天來了，真的來了。溫暖的日子，盛開的花朵，要洗、要穿的夏衫，美麗絢爛的野花。我有一股想要清理一切的渴望。

不過，我最近搞丟了我的驚奇感，似乎耽溺在消極的思緒中，像《小熊維尼》裡的屹耳老是鬱鬱寡歡。

丟了不代表沒了。除了感恩、慷慨和慈悲等有益的心態，驚奇感也是可以培養的。

首先想一想，我們活著，是出於特定的原子以特定的順序組合排列，這絕對是一個奇蹟，不該視為理所當然。而我們卻習以為常，不當一回事，總是渾渾噩噩過日子，忘了心懷愉悅和感謝，也忘了臣服於奇蹟——我們存在於一個巨大的奇蹟中。

每一天，我都努力讓生活變得更輕鬆，並且培養驚奇感。因為善待自己絕對少不了熱愛生活，要在能享受之際好好享受人生。別忘了那句義大利諺語給我們的提醒：不管是國王還是卒子，很快都會被放進同一個盒子。

驚奇也包括好奇心。生活是一場實驗，抱著開放的好奇心來生活，生活會充滿熱情和喜悅。當你猶豫時，不妨選擇會帶來驚嘆的選擇。

麻煩、紛爭、做出可怕事情的瘋子還是有，腐敗的政客和糟透的日子還是有，但關切這些事不是唯一的選擇。如果我們走在美麗之中，以神祕為樂，不被陰影和困難壓垮，探索日常生活中的驚奇就會成為一種習慣。

如果能夠帶著讚嘆的目光出發，你不需要走得太遠，就可以發覺人與生活的奇妙之處。且讓我們欣賞日常的豐富多彩，讓我們為此感到驚豔吧！

「我在水裡看到了你的小弟弟。」一個孩子在泳池中笑著對弟弟大喊。享樂嬉鬧是一門藝術，讓人隨時隨地都可以得到驚喜。

「布莉姬奶奶、布莉姬奶奶，我有一顆牙齒在搖！」

孫女向我跑來，雀躍不已。我沒見過比她更快樂的孩子。

又有一天，她告訴我，班上有一位男生喜歡玩打僵屍遊戲。我當時在另一個房間擦碗盤，沒有認真聽她說話，但感覺到她很不安。

「僵屍不是真的。」我安慰她，「還有什麼不是真的？獨角獸是真的嗎？」

我喜歡這樣的對話，透過她的眼睛，我對世界會有新的認識。我真怕有一天她會告訴我，仙女和美人魚不是真的。

她回我：「不是真的吧。」語氣有點不確定。不久，她跑進放著她的扮裝服飾的房間，還堅定地囑咐我：「不可以進來！」

後來，我收到「皇家指令」，一走進去，就見到她四肢著地，戴著獨角獸頭飾，眼睛閃爍著光芒——她確確實實證明了獨角獸是存在的。她踩著「蹄子」，為我跳了一小段獨角獸舞。願上天保佑這隻小獨角獸。

孩子是驚奇的豐富泉源。首先是嬰兒，一個生命在另一個生命的身體裡成長，然後呱呱墜地，呼吸著空氣，生氣勃勃——多麼不可思議啊！從此以後，驚奇的事一樁接著一樁：第一次吃芒果、第一次去海邊、第一次做任何事，每件事都是新奇的，都是快樂的。這就是禪宗所說的「初心」，把每件事物都當成第一次見到，相信任何事物都是非比尋常且令人驚嘆的。

最近令我感到驚奇的事：

名字可愛的貨船——「夢想之美」、「命運王牌」。

十元商店居然有好長一列的貓用品，哎呀！貓咪真幸運。

有一道中東食譜，廚師在烹飪前，必須把魚放在葡萄汁裡游泳，為了增強風味。

彩虹鸚鵡掠過，瞬間閃現神奇的色彩。

湖邊的紫水雞大搖大擺走來走去，優雅又笨拙。

布里斯托大學花了三萬五千澳幣，為一棟校舍徵求新名字。經歷漫長的諮詢過程後，收到兩百條建議，他們留下五個選項進行投票。最後，他們沿用舊名。

讓我們熱愛我們的生活，讓我們對生活感到驚奇，讓我們品味小小的快樂，沉浸在驚奇和喜悅中。

十月

孤獨與人際關係

願我可以享受與他人相處

願我可以享受獨處

氣候非常宜人，晴空萬里。太冷之後，太熱之前。連身裙，項鍊，耳環，坐在陽光下。床單換成更輕薄的亞麻布床單，紫色，有春花圖案。

我一直在思考親密關係和孑然一身，這兩個有趣的處境。我有過兩段婚姻，分別與兩名男人共度了三十年，對夫妻關係還算了解。第二段婚姻結束，我單身了幾年後，走出一開始的困境，也漸漸習慣一個人生活。

最近這一次，我再度騎上愛情的旋轉木馬，心情高低起伏，不時偏離生活軌道。年紀越長，經營伴侶關係未必變得更容易，也許還更困難，因為個性、習慣都已根深蒂固。

總之，我又回到一個人，面對著一個人該面對的事。

我從報紙讀到，結束一段重要的關係後，要四年的時間才能恢復到以前的從容和平靜。這既鼓舞人心，又令人沮喪。鼓舞人心的是，對於自己「還在為了結束一段關係而感到奇怪、不安」這件事，我不再感覺那麼憂心而忐忑了；令人沮喪的則是，這代表我還有三年一個月又六小時十七分鐘才能覺得自在愉快。有人告訴我，耐心是美德。不過多數時候，其實我都相當快樂。

孤獨不等於寂寞。孤獨是享受獨處的狀態，能夠滋養生命、豐富內心。孤獨是寧靜清新的，寂寞則不然，它是普遍的人類情緒，難以明確定義。寂寞時，你會感覺遭到孤立疏離，無法滿足社會關係，缺乏歸屬感。或者因為無人理會、重視，而感到悲傷、苦澀和脆弱。

在這方面，與大多數的事情一樣，平衡很重要。花時間和自己相處很好，與他人共度時光也是好事。有人更擅長獨處，我就是一例，如同許多作家，我比較喜歡享受自己的陪伴。但是，和這個星球上的每個人一樣，有時我也會感到孤獨。

有人在人群中非常吃得開，活力十足。有人則是人

一多，就會覺得手足無措，既困惑又疲憊。就拿我自己當例子吧，我喜歡跟一、兩個人在一起，通常不喜歡參加人多的聚會。以前這件事會讓我感到困擾，但現在我接受了這就是我。能參加團體活動就參加，有時也會大吃一驚，沒想到我在聚會中也能玩得很開心。不過長久以來，我總會在回家路上想到剛剛哪裡表現得不好，而立刻覺得羞愧難當：我是不是話太多了、是不是忘了跟某人說再見等等。現在，我接受這種情況，也提醒自己不要這樣懲罰自己，然後煮一壺水，換上浴袍，讓自己身心放鬆下來。

我最珍視的關係是我的家人，我愛他們每一個人。還有我的朋友，真正了不起的人，沒有他們，我的生活沒有意義。

約翰・海利（Johann Hari）的《照亮憂鬱黑洞的一束光》，是一本關於抑鬱症的好書，他在書中強調，人必須與自己、社區、社會、文化、有意義的工作以及他人建立連結。因此，我每週都會到住家附近的生態社區中心整理書籍一次，與那邊的志工建立一些有趣的連結。我每天都務必讓自己與人接觸往來，只是我也經常力不從心，甚至覺得不容易。

是什麼讓我覺得和別人相處非常困難？主要是因為焦慮。我說錯話了嗎？對方是不是覺得我很煩、很怪、管東管西、非常愚蠢？也許是這樣，也許不是。但當我發現我有社交焦慮以後，也就接受了自己有社交焦慮，我反而自由了，跟人相處也更加輕鬆自如。

善待自己，就是提醒自己「我很好」。自我感覺良好時，我就能夠給予他人更多的愛和善意。有時，我會在日記或腦海中檢查，我與自己的連結有多緊密？我與他人的連結有多緊密？我以平衡為目標，因為我知道生活不可能完美無缺，有時不管怎麼做，生活都會是一團糟。

允許自己犯錯，也允許自己振作起來，必要時道歉，重新來過。

放下批評也很重要。每個人都是獨一無二的，對事物的看法也不會相同，這不代表有人對、有人錯。別人的行為讓我覺得不舒服時，我希望能有一顆寬廣的心包容一切。別人表現不好時，他們可能也會感覺很糟糕，所以我要效法佛陀，無論如何都要試著愛他們。這招有時見效。

一路以來，我朝著理想中的自己邁進。這段旅程中我學到：不干涉他人，我的世界會瞬間變得簡單起來，無論是在實際層面，還是在情緒穩定方面。我曾經浪費很多時間想要修正、控制他人，但終究領悟到一個難以捉摸卻又顯而易見的事實——我並沒有能力讓別人的一切變得更好。弄清楚什麼屬於我、什麼不屬於我，生活明顯變得輕鬆許多。

尚—保羅．沙特（Jean-Paul Sartre）有句名言：「他人即地獄。」對我來說，地獄有時可能是自己。和許多人一樣，我一生都覺得自己不被接受，是個局外人，笨拙、害羞、瘋狂、肥胖——總之，就是哪裡不對。這是一個很難割捨的遊戲，但作家拜倫．凱蒂（Byron Katie）指出，「喜歡我們」不是別人的工作，是我們自己的工作。所以，我越來越不擔心有沒有人喜歡我，而是把這些精力用在喜歡自己。從此，我感覺很輕盈，海闊天空。

十一月

簡單生活

我擁有的已經夠了

十八世紀的日本禪僧良寬，是俳句詩人，也是書法家，以過著平靜而素樸的生活聞名。我開玩笑說自己是「澳洲申頓公園的良寬」，因為我也把平靜素樸的生活擺在第一位。

活在當代的資本主義社會，平靜素樸的生活或許像是逆水而行，但不是只有我相信簡單生活值得去創造與追求，有許多人已經意識到越多未必越好，並且努力身體力行。我的老友戴夫和安妮認為，如果在看到廣告前你並不想要某樣東西，那麼你根本不需要那樣東西。他們養了幾隻雞、一頭羊，在柴爐上烘橘子皮當成自然芳香劑。小房子，慢食運動，物資交換網站，回收中心，二手公益商店，撿拾路邊可用物資——這是他們努力做到少花錢的好證據。

我夠了，我擁有的已經夠了。

這是一個很有用的咒語，當你還想買東西、衣服或美食來安慰靈魂時，不妨唸個幾次。事實上，買再多的東西也無法消弭空虛、孤獨或悲傷，最好的做法是正視這些情緒，讓它們自由來去。這個做法不用花上一毛錢，如果做得到，你就自由了。

我喜歡日語的「応量器」這個詞，意思是「剛好夠用的容器」。「需要」和「想要」之間存在著天壤之別，如果「想要」來了，不去滿足它，它很快就會離開。但如果對「想要」做出回應，滿足了它，那麼得到的滿足感通常很短暫，「想要」隨後又會尋找其他想要的東西。我不是說我永遠都不可以吃冰淇淋，只是不見得每一次想吃就去吃，我覺得這種做法很舒服。

這個月，氣溫和情緒都攀升了，耶誕節購物活動也開始熱鬧起來。在這個不斷引誘我走往另一個方向的世界中，我思考什麼是「足夠」，好能維持簡單的生活。

為了更簡單、更平靜地過日子，我願意割捨什麼呢？這個清單很長。

拿購物當消遣。想靠我所擁有的物品打動他人。上館子（特殊場合例外）。窮忙。擔心。必須表現好。追求完美。試圖取悅他人。工作過度。心不在焉。陷入鬼打牆的思緒走不出來。追求正確。渴望他人讚美。非掌控一切不可。心懷怨恨。捲入他人的問題。把精力投入失效的關係中。耽溺於負面思想。按照「應該」和「必須」過生活。

我要放下、接受、前進，然後繼續。

我如何創造並實踐想要簡單、寧靜過生活的決心？

我慢慢吃，用心吃，欣賞盤中的食物。放慢走路、說話和做決定的速度。

我開始簡化財務，由於不想靠身外之物打動他人，也省下大筆的金錢。不把購物當成消遣活動，累了、餓了或者難過時，也不去瘋狂購物。禪宗老師雷・安德生（Reb Anderson）說過，禪宗的精髓就是停止購物。內觀教師約瑟夫・戈德斯坦（Joseph Goldstein）也講過一個故事，他走在紐約的第五大道上，滿腦子都是想要的東西，感覺並不愉快。後來又有一回，走在同一條大街，他只是欣賞櫥窗裡的商品，但沒有渴望，他感到非常舒服快樂。（這不是嬉皮式的瞎扯——為了賺更多的錢買更多的東西，因而不眠不休地工作——這真的有害身心健康。）

我珍惜手中的物品。擦亮鞋子，保養汽車，修補衣物。可以的話，我不請人代勞，盡量自己動手做。比方拿一桶肥皂水和一根水管動手洗車，不就是很棒的運動嗎？我種植香草，善加利用既有的美術用品，不再隨意添購。不合身的衣物、無意義的飾品、極少使用的廚房

用具和不會再讀的書，通通捐出去。

我利用現有的材料，比如櫃子裡的雜貨、冰箱中的食物，做出美味的飯菜。我穿舊衣服——真沒想到，我的衣櫃裡有那麼多的衣服——發揮創意，用心搭配，穿起來還真好看。

缺少什麼大型物品時，我會先到 Gumtree 網站看看有沒有二手品，除非萬不得已，不買全新的。必須購買全新商品時，我先做功課，確認想買的品項對生態環境無害，而且品質良好。我的會計師有句口頭禪：「買便宜貨，最後得買兩次。」這句話很值得深思。

我假裝手腕上有一個紋身，小月亮和小星星圍繞著一行字：「少買一點。」雖然看不見，但這個想像中的紋身如同一盞指路的明燈。

善待自己與善待地球是分不開的，藉由簡單生活來照顧自己，對個人、對政治都是一個意義深遠的行動。

十二月

創意

我發誓要以創意、溫柔與和善的方式生活

我喜歡耶誕節。雖然有許許多多的商業垃圾，我仍舊全心投入這個季節。這是相聚的時刻，這是寫卡片、準備禮物和烹煮美味佳餚的時刻，是夏天、海灘、沙拉、冰淇淋和在樹下睡覺，是穿著鮮豔衣服、戴上繽紛帽子和亮晶晶的珠寶。是慶賀與歡樂的季節，與所愛的人共度，舉起茶杯，為神祕、魔法、魅力、神性和喜悅乾杯。

善待自己的一年即將畫上句點。自從每天有意識地努力善待自己以來，我已經有了長足的進步。羞愧和不被接納的感受不再如以往那樣主宰我的生活，日子變得更溫柔、更甜蜜。我學到不要為了「做自己」而開口道歉。溫柔對待自己，我就能變得更堅強、更快樂。

種子已經播下了，但我這棵樹需要持續接受善意的滋潤直到永遠，因為她還在那裡——那個遭受忽視、頭髮沒梳就被丟去學校、被父親自殺嚇得瑟瑟發抖的女孩；那個母親酗酒的孩子；那個總是艱難度日、勉強維生的我；那個困惑的我、悲傷的我；那個批評相當苛刻的討厭鬼。這些的我，與堅強的女人、有趣的人、聰明的人、慈愛的母親、快樂的祖母、忠誠的朋友、夢想家、追求者、樂觀主義者和作家並存。

我的內心有時像是一個大型馬戲團，但我已經知道前進的方向。不再想著修補自己，不再受制於別人給予的標籤，也不再把自我固定在不變的位置。我實實在在活在每一個當下，知足、知止，過得簡單，活得慷慨，並懂得欣賞身邊的美好，站穩腳步，面對困難。

我越來越相信創意和休息是我最好的良藥。阿爾伯特・愛因斯坦（Albert Einstein）有句話說得好——遊戲是最高形式的研究。要追求創意，我必須敞開心扉，迎接內心生活，並容許模糊地帶，對自己與整個過程懷抱信心。發揮創意是穿上鮮豔的衣裳，是從事縫紉、繪畫

和烹飪，是去海灘和公園，練習一些健康生活不可缺少的有趣活動。創意存在於尋求安全、認可、舒適和控制之外的地方。

在責任和習慣的表面下，是全新的生活方式和做事方法。好好檢查一件事，如果發現它會造成困擾，那就不要再做了，這是一種大智慧。這包括消極的自我對話、刻薄的行為、貪得無厭、與讓你失望的人往來——任何剝削或貶低他人的行為，以及會讓你心力憔悴的事情。

從一個自我接納的地方開始，往外延伸到一個亟需愛和正能量的世界。向他人伸出真實、誠信和善良的手，這是深切的自我同情。雖然我們未必能夠看清自己在這個偉大神祕之中的位置，但我們不是孤立的。我們是母親的食譜、鄰居的悲傷、朋友的回憶，與愛犬的歡躍。我們是我們抽過的最後一根菸，曾傷過的第一顆心；是煙花，是愚昧，是被遺棄在海灘上的鞋子。

一切事物以我們永遠也無法透徹理解的方式相連，但我們在這裡，帶著我們溫柔而痛苦的心，在這個美麗而破碎的世界上，我們是浩瀚而壯麗的宇宙的一部分。相信生活的現況，享受自己在其中的角色，還有什麼比這更仁慈可愛的呢？

這是不平凡的一年，我與你分享我的經歷。最後，讓佛陀來說最後一句話（這似乎總是明智之舉）——在十方宇宙中尋找，也找不到比自己更值得善待的人。

a year of

loving kindness

to myself

輯二

善待自己的提案

泡杯熱飲，
做一份美味的小點心，
再次下定決心要放軟身段，
容許各種情況發生。

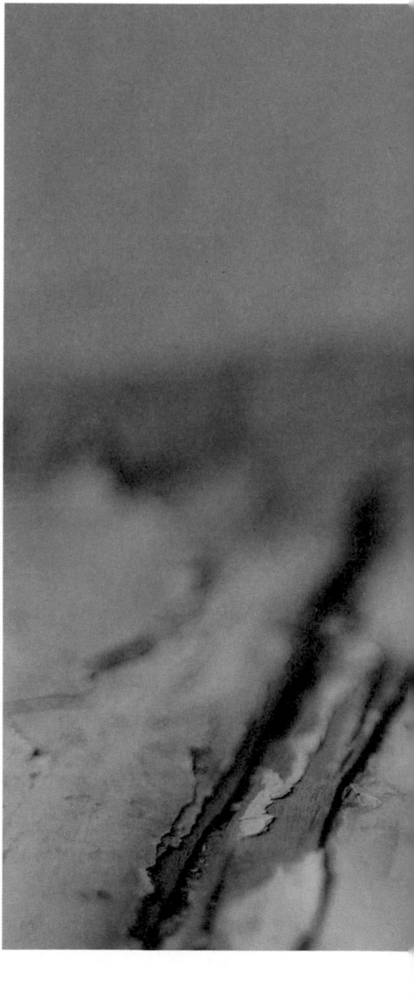

除夕的祈禱

願我能為新的事物讓出道路，把每一刻都當成一個全新的開始。

願我真心滿足於生命的豐盈。

願我順其自然，對每一件事、對所有事都說「好的，謝謝」；並在廣闊的藍天上，用雲的形狀寫下「心安」二字。願我相信日常存在著強大魔法，去想像正面的結果，不過度糾結於每件事。

願我時時刻刻鼓勵自己。

願我記得要活得有創意，盡情享受簡單、寧靜和不可思議的平凡。

願我創造連結。願我有力氣時能幫助他人，沒力氣時休息。願我記住，我是比我自己大上許多的宇宙的一部分，並以此想法行事。

願政治家們為了眾生、為了這破碎的世界，能放棄對權力和金錢的貪婪。

報紙能否把「房地產版」換成「詩歌版」？
我還想要一雙有玫瑰圖案的綠色絲絨拖鞋。Namaste。
謝謝。阿門。

無法拯救眾生

很抱歉，蒂帕嬤*，
你訪問美國時說，一個人不需要九種茶，
我好慚愧，
不敢告訴你我有多少茶。

佛祖，我要道歉，
任憑你的教誨
我還是常常
陷於無用的煩憂中。

禪師，我向你們鞠躬，
貪婪、仇恨和無知
在我心中不斷湧現，
我創造自己的困惑。

請原諒我，觀音菩薩，
我常常表現
像個十足的傻瓜。

然而，在今晚黃昏時分，
吸蜜鸚鵡在歌唱的桉樹上，
我的生活突然變成了
一種自然而然的祝福。
我要舉起茶杯向你們致敬，
哦，引領道路的導師。

＊Dipa Ma，出生自孟加拉的禪修導師。

關於日記、備忘錄、筆記本與我

貓喜歡四處遊蕩，狗喜歡各處嗅聞，作家喜歡到處寫字。文字是我們的創作，文字是我們的愛。

我們在什麼地方都能寫字：餐巾紙、舊信封，甚至是後車窗堆積的灰塵上。可以的話，我們會在天空寫下「我的心已碎」，稍後又改成「珍貴而溫柔的心」，因為讀起來更好聽。

在某一次的禪修中，我險些在白板寫下「救命」，雖然這麼做很不恰當。

作家的思緒非常神祕，隻言片語會自然湧現，難以捉摸，卻也容易遺忘。

因此，我們需要筆記本。

我們的人生混亂、可怕、困惑、美麗；我們的旅程獨一無二，而寫作可以幫助我們去理解生活，並與之保持聯繫。

因此，我們寫日記。

六歲時，我有一本棕色硬皮的小筆記本，我小心翼翼地在上面抄寫詩歌，收集名言佳句，以及我有興趣的內容。六十年過去了，我仍然在做這件事。我用傳統的方式寫日記，記錄個人生活，也記錄時代。我偶爾會在耶誕節收到精美的日記本，但我的許多日記本都只是普通的冊子，便宜且容易買到。我的日記不連貫，穿插著佛家語錄和小圖畫。這個創意空間是一個反思的場所，我在這裡抱怨、享受、記錄和處理自己的世界，還有啟發自我。我相信，能夠讓我深入認識我的生活的事物，也能讓我深入認識人類的狀態，並且為我的寫作提供素材。這是一個奇異的過程，不過運作方式並不明顯。

我還有一本更大的硬皮筆記本，這本比較像作家的日記。直線內頁收集了寫作點子、日後可能派上用場的句子、他人的寫作見解以及報紙剪報。我最新的奇聞剪報是關於一面高科技鏡子，價值四百二十五塊，可以天

天幫你詳細分析你自己最不吸引人的部位。我沒有興趣購買。

最後，我的提包裡還有隨身筆記本，記錄在咖啡館或火車上聽到的對話片段和精彩想法，不記下來，它們會像夢一樣飄走。

每個人都有自己的一套方法，有人把所有東西記在同一個地方，有人在任何時候都有不同的筆記本或日記在手。有人用紙筆，有人用手機或筆電，方法或許隨著時間改變。你不妨嘗試一下，如果直線讓你覺得受到限制，那麼試試看空白內頁，或更大尺寸的本子，以及各種顏色，在一天的不同時間或新的地點書寫、記錄。

作家茱莉亞・卡麥隆（Julia Cameron）歸納出三個重要的寫作工具，「早晨寫作」是其中一個，另外兩個是「每日散步」和「每週與藝術有約」。買一本你找得到最便宜的作業本，然後每天早上瘋狂地寫，願意的話，也可以在晚上瘋狂地寫。自由地寫、隨意地寫，不要想打動讀者，也不必用字典雅，或是得敘述連貫，你只要讓思想流淌在紙上就好。這是一個很好的放鬆方式，能釋放你的創意能量，重新靠著書寫與思考獲得樂趣，甚至更棒的是——重新獲得生活的樂趣。當你不再企圖證明自己是正確或聰明的，只是讓心靈自己說話，驚喜的事情就可能發生。在日記中列清單也很有趣，不妨試試這幾個題目：

- 我曾經相信的事
- 吃芒果的好地方
- 大人不應該對孩子說的話

禪宗作家娜妲莉・高柏（Natalie Goldberg）建議人們讀舊日記，藉此去思考我們曾經身處的位置，以及我們認為自己會去的地方。從舊日記中，你可能會重新發現某部分的自己，例如長年的困擾、早年的冒險和忘卻的想法。最近我翻出一箱前後寫了二十多年的舊日記，正在慢慢地閱讀與消化。

我發現，我總是在秋天覺得傷感，我也一直認為寫作很難；我更體悟到，當人們說會永遠相愛時，當下是真心的，只是後來改變了心意。我發現，我每一本書都寫得很痛苦，好在結果都不錯。我發現，在追求獨處和人際關係之間，我抱著矛盾的欲望。我還重新發掘了已故詩人、昔日導師和依然健在的朋友的智慧。在二〇〇七年，我的朋友布雷特說：「沒有什麼好相信的，不用抱持信念，也不需要信仰，一切就是這樣。」我當時可能沒有完全聽進去，但現在我用心傾聽著。

我對二〇〇三年的耶誕節完全沒有印象，但在節禮日那天我寫道：耶誕節結束了，謝天謝地，累死我了。

紐約布魯克林有家小酒吧，以一款稱作「上帝的雛菊花環」雞尾酒而聞名。材料有琴酒、艾普羅香甜酒和氣泡酒，當時我記了下來，以備日後不時之需。現在，終於有機會派上用場了。

橫越記憶的大海，我發現我的關注焦點始終如一，我的策略也仍然適用：活在當下，簡單生活，不必去擔心事情會走樣。

寫日記是一個覺醒的工具，一項神聖的行為，一件樂事，一種深度進入和享受自我智慧的方式，尤其是感到悲傷、厭倦、迷失或創造力不足的時候。不必煩惱寫日記只是情緒消遣，抑或是理智的創造工具。事實上，創意、精神生活和個人成長緊密交織，滋養任何一方，其他部分也能雨露均霑。趕緊拿起筆吧！

關於星期五

入秋了，但天氣似乎迷失了方向。經過漫長的夏季後，終於降下一場小雨。悶熱，不踏實感。今天鄰居的早餐是：炒洋蔥，烤焦的吐司。

樓下，有一名女人帶著磕磕絆絆的激情彈奏鋼琴。我對世界充滿濃烈的愛，儘管又有一個朋友垂死，儘管地球持續動盪，儘管我內心古老的恐懼依然存在。「今天，」我對自己說，「今天我得寫點東西。」然後拿起吸塵器打掃房子，煮扁豆湯，整理衣櫃。作家不想寫作，他們想要已經完成寫作。

我用一段愉快的時間，創造一個虛構的世界，有點像日本，但又不盡相似。這個地方有個「書墨之境」，一個「月光繚繞的庭院」，一個「奇忘亭」，還有一個「字母和茶壺之塔」。在這個世界裡，我的名字是「和服晨星」。這場胡思亂想沒給我帶來什麼特別的東西，只讓我喝了杯早茶。作家的主要工具：長途散步和熱飲。

接下來，我上網逛了一下。逃避寫作是一個全天候的活動，需要技巧和毅力。誰會知道今天原來是「慢走不送日」（Good Riddance Day）？在這一天，應該挑選一個想擺脫的物品或想法，以撕碎、埋葬或焚燒的方式摧毀。如何撕碎、埋葬或燃燒一個想法？我不太清楚，但這個點子很吸引人，若非忙著決定該去重做腳趾美甲還是買乳酪，我一定會去做。

我花了更多的時間思考。為什麼我以為錢包裡有二十塊，但現在沒有了？我根本不記得自己花掉了，但看起來確實如此，除非有人溜進我的錢包偷走了錢，而這似乎不太可能。我真的不記得花了錢……然後我又開始擔心著，為什麼某人不回我簡訊。通常情況下，對方只是在忙，但我從焦慮中獲得很多「樂趣」，想著他們不喜歡我也不尊重我、真沒禮貌等等。當他們終於傳來友善的簡訊時，哇，我開心極了。

回去工作吧，我告訴自己，然後盯著空白的螢幕，一片空白。作家是一個忙碌的工作。早上做了什麼？移動一個逗號；下午做了什麼？又把逗號移回來。

我在公寓外圍徘徊，逃避寫作，看看各家花園。有些鄰居生活得很健康，種植了香草之類的植物。我巧遇一位朋友，我們聊了睡不好、維生素鎂和針灸。她提到最近在二手商店撈到一件喜氣洋洋的粉紅色大衣。剛開完會議的她，說現場「氣氛結冰」，我覺得她創造的形容很棒，和「氣氛緊張」一樣好用。

午餐時我看報紙，壞消息好多。一篇餐廳評論提到，有一道菜叫做「燒焦玉米佐燒焦培根」，這是真的還假的？我要是想吃燒焦的菜，在家裡自己煮就好了，還可以省下很多錢呢！

下午我寫了一些東西，休息了一下，然後準備一點吃的。削蘋果和把奶油揉入燕麥的過程，對我有安撫作用。我還犯了一個小錯，情不自禁地陷入一個微小的自憐情緒——對結束得不太圓滿的戀情感到遺憾。這是孤獨造就的錯誤，演員威廉・荷頓（William Holden）在電影《生死戀》中說過類似的話，他說得沒錯。

下午茶時間，我坐在陽光下塗腳趾甲油，這個迷人的顏色叫「生活香料」，然後再塗一層亮光指甲油。閃亮的東西總是很不錯。接著我去探望鄰居隆恩，看他有沒有過期的《紐約客》雜誌能送給我。結果沒有。不過，他提到他母親常常說的一句話。

「抓住機會，隆恩。」

我喜歡這句話，一遍又一遍地說著，抓住機會。

另一位朋友曾告訴我，出狀況時，她的母親都用一句話來鼓勵她：「不要緊，珀爾，另一輛電車馬上就到了。」她在紐約長大，我開始想像紐約是什麼樣的城市，回過神來，發現自己正在看一支八分鐘長的影片，主題是布魯克林的最後電車。假使你對這個東西有興趣——它們是利用電纜運行，外表像公車，從一九五六年起停止營運了。

我母親常說「festina lente」，這句拉丁語的意思是「慢慢來比較快」。現在回想起來，這句話真有道理。比方說，你因為心急，反而把東西撒得廚房裡到處都是，你可能心想早知道就別那麼急。我母親也常說「我希望你知道自己在做什麼」，老實講，我還真不知道。

下午五點，我去湖邊散步，遇到一名女人，她遛著兩隻小貴賓狗，笑著說：「早安。」她看起來很正常，不過我們之中必定有一人搞錯了時間。

我今天寫得很少，但這是美好的一天。我很開心，我喜歡星期五。

關於死亡

安柏臨終時，她被善良包圍著，因為她的一生都在累積善行。她在平靜中離開人間，令人感動。但她走了，永遠地走了，去了一個我們不知道是哪裡的地方。我好想寫電子郵件給她，像往常一樣傳《紐約客》裡的漫畫過去，但是，我親愛的姪女是永遠不會再回來了。她與腦癌纏鬥五年，現在結束了，留下過得跌跌撞撞的丈夫，還有一個才十五歲的兒子。我們這些愛她的人，在追尋意義的過程中，繼續踩著跟蹌的腳步，走過平凡的日子。

夏天了，我在這裡，但總有一天我將不再存在。安柏走了，我們其餘的人也將跟隨她而離去。

孫女說：「亮晶晶是耶誕節的顏色。」她是我的開心果，但我現在身處悲傷的黑暗之地，傷心欲絕。煩惱著那些外人看起來微不足道的問題，我感到煩躁、疲憊，變得愛哭，幾乎陷入了憂鬱。我想給傷心的家人寫一些鼓

勵的話，假裝擁有我尚未完全具備的智慧。

想活下去和害怕死亡之間存在著差異，安柏不怕死，但她想活下去。她的離世讓我們的家族結構出現裂痕。她是烘焙女王，寫得一手好俳句，愛玩拼字遊戲。她手巧，聰明過人。我不希望她離開。

死亡是我們唯一不想知道的真理，我們以為不會發生在我們身上，但是怎麼不會？我們不希望發生在我們所愛的人身上，但它確實發生了。

後來，為了我自己，我去參加了一場「緩和療護」*的工作坊。他們說，我們必須和最親近的親屬進行「那場對話」，談談我們希望怎麼處理自己的死亡，諸如遺囑、臨終指示和葬禮等重要的事。

---

* Palliative Care，針對重病患者給予身體、情緒及心靈層面的舒緩與照顧。

結果，我兒子一點也不想跟我談，我不確定是因為他太忙，還是因為他不想去思考母親去世的事。可能兩者都有吧。

我告訴他，我希望在葬禮上播放哪些曲子，我說：「我都寫下來了，資料夾中有歌單，還有銀行帳戶的詳細資料、其他重要的東西，像是如何安排環保葬禮。」

「媽，到時你都走了，選歌的決定權在我吧。」

我們哈哈大笑，繼續過我們的生活，不過總有一天他將不得不替我的葬禮選歌，又或者我將不得不幫他選。無論如何，那都是一件讓人害怕的事。

死，是最大的謎團，我們不知道誰是下一個，也不知道他會怎麼走。死後會發生什麼？雖然理論很多，但沒有人明確知道，有人認為宗教回答了這個問題，有人認為一切都不確定。

同時，我們還有日子要過。我的禪宗老師說，一切都是電光石火。安柏離開了，但還有這麼一天、這麼一刻的存在，還有海灘、茶壺、漸暗的暮色、啁啾的鳥兒與正在著色的孩子。

生活不順時
要做的十七件小事

留在你的睡衣裡。
寫下你最喜歡的女神。
為乞丐送上祝福。
為某人買花，這個人可以是你自己。
收養一隻狐獴，或一隻獨角獸。
沒有計畫地度過一天。
給你的室內植物取名字。
吃吐司塗果醬，也許再加一顆梨子。
按照年齡行事，你今天是七歲。
去新開的咖啡館嚐鮮，
穿新衣服，找一頂新帽子戴上。
在客廳跳舞。
畫你喜愛的事物。
坐在樹上，種一棵樹，跟樹說話。
做紙娃娃，給它們加上漂亮的帽子和許多鈕扣。

如果有人問你的名字，就說你叫埃洛伊絲。
午餐吃煎餅、喝湯，或隨便你想吃什麼。
早點睡覺，帶著一堆好書。

關於友誼

據說，在很久很久以前，佛陀十大弟子之一的阿難在樹下說過：摯友是聖潔生活的一半。你或許以為這種說法會得到佛陀的肯定，但他以一貫慈愛的態度反對。

「別這麼說，阿難，別這麼說。令人欽佩的友誼、令人欽佩的夥伴、令人欽佩的情分，其實是聖潔生活的全部。」佛陀這麼回答，又繼續解釋說，有智慧的朋友讓你走在正確的道路上，他們的言行引導你通往高尚的生活。他還說，拿香草包裹臭魚，香草也會發臭，也就是「近墨者黑」。

好朋友是福氣，是你三更半夜可以打電話的人，即使你不會真的三更半夜打電話給他們，但知道自己有這樣的朋友就是一份恩賜。真正的朋友是正直、真誠的，在你具備理智時支持你，在你瘋狂時不離不棄。他們會真心誠意恭喜你的勝利，當然也會諒解你的失敗。好朋友尊重你的

時間，遵守你們的約定。真正的朋友會告訴你一個難以接受卻必須說出的事實，但不會讓你感到羞恥。

不同的友誼提供不同的東西，我有道友、作家朋友、咖啡館朋友、異鄉朋友，還有在困難時的良師益友。

我自己呢？我又是一個怎樣的朋友？希望我是一個忠誠、慷慨又有創意的朋友。我努力用心傾聽，雖然有時還是會興奮地忍不住插嘴，或者主動提出建議。我會在接下來的三輩子努力改掉這些壞習慣。

所有的友誼都有潮起潮落，甚至結束的一天，它們逐漸淡去，或者在一陣憤怒的煙花中爆炸。有時可以彌補，有時不能，光靠相交多年的情分是不夠的，友誼還需要有當下的共同基礎，以及心靈的交會和安全感。

靠著讓你感到更糟來讓自己感覺良好的人，不適合當朋友。整天怨東怨西的朋友讓人疲憊，支持他們這種行為也無法幫助他們改變。割捨一段舊友誼可能是一種解脫，也可能非常不容易。有時，我們能察覺到自己在其中的角色，而能以明智的方式優雅放手。因此，做自己的朋友很重要。

大多數的友誼會隨時間逐漸淡去，但最好的友誼會持續下去。朋友之間遇到難題時，可能會想把話說清楚，但通常的情況下，只要閉上嘴巴、敞開心扉，問題就會自然解決。聰明的做法是，記住每個人都在不停地改變，我們看待事物的方式，只是其中一種而已。我想，佛陀和阿難的友誼也曾走過低潮，我們自然也不例外。

讓生活繼續前進的幾個偏見

在耶誕節的第五天：發誓做自己的真愛。

在你的生日：快樂一點。

活著的另一個選擇：死亡。

關於尊嚴和高尚人格：培養。

關於臨終：滿足一切，輕鬆呼吸。

關於他人：給予足夠的寬容。

關於極其愚蠢的人：表達同情，要不然就迴避。

關於電話：仔細聽，別插嘴。

關於焦慮：記住，總有一天，一切都不再重要。

關於書桌：書、筆、日記、鮮花、卡片、郵票、信封、清單。

關於電腦：看著螢幕，盡量不要恐慌。

關於詩：讀詩，呼吸詩，活出詩意。

關於醫院：要進食，多多微笑，這樣他們會更快讓你出院。

關於放手：相當困難，接受現狀比較容易。
關於服裝：舒適，色彩豐富，可回收。
關於二手商店：給予支持，跟他們購買。
關於舞蹈：盡情地跳。
關於蔬果：多多益善。
關於活動：少做，多享受。
關於簡單生活：盡量少用電子產品，別將購物變成嗜好，吃冰箱裡的食物。
關於吐司：放上蘑菇、番茄、乳酪、果醬、杏仁醬、酪梨和羊奶乳酪、自製香辣豆醬。擺上耶穌的肖像。
你喜歡什麼都行。

關於慰藉

悲傷是我的專長之一。悲傷的人在我家族中並不少見，我們創造力強、聰明有趣，多數人煮得一手好菜，但我們對人類的憂鬱非常敏感。如果你有時也覺得生活如同一場快要輸掉的遊戲，請容我分享一些鼓勵的話語。

我想先告訴你，你不孤單。悲傷是正常的人類情緒，如同快樂、害怕、暴躁、焦慮、失望、希望、無聊等許多情緒一樣，是完完全全正常的——除了不該受到鼓勵的殺人放火。

與情緒做朋友是明智之舉。情緒隨著原因和條件到來，然後就像雲一樣飄走，比你想的還要快。所以，不妨敞開雙臂，以一顆善良的心歡迎，尤其是那些難以應付的情緒。

這件事說起來容易，但做起來很難。當你真正陷入悲傷時，記得振作，因為有許多有用的事情可以做。

比如散步。散步能讓你進入自己的身體，進入陽光，進入這一天。散步提醒你，世界有山茶花和自行車，有貓，有鳥，宇宙比你的皮囊更寬大遼闊，每一件尋常的東西都是值得一瞧的奇蹟。

比如寫日記。寫下來，畫上搭配文字的圖畫。寫一封你希望能夠寄出的信，然後燒掉。紙是安全的容器，書寫是一個能夠舒適省悟的空間。

比如學著挑戰你陰鬱的消極思想，別隨著它進入黑暗危險之地。這需要毅力和練習，但你可以發揮意志，強化通往快樂的神經通路。

比如看好笑的節目、和開朗的人交往、參加合唱團、在車上唱歌，或者在任何地方唱歌——也許除了在精神科醫師的候診室。找出你喜歡做的事，然後多去做，讓每一天都成為快樂的花園。

比如每天做一做放鬆身體的活動：瑜伽、太極、跑步、游泳、散步、擁抱、跳舞、園藝等。身體放鬆有助心靈，這可是有科學背書的，但現在姑且先相信我吧！

比如聊天。與你的母親、同輩親戚和你的狗聊天。讓另一個生命傾聽你、關懷你能帶來療癒，如果情況真的很困難，諮詢健康專業人士的意見是個好主意。傾聽內在的智慧，千萬別因為傲慢而不願在需要時尋求協助。

抗憂鬱藥物提供短暫的解決之道，把你從一個無法獨自爬出的深淵中拉出。但是藥物有副作用，也無法立即或完全治癒你的問題。

避開能暫時掩蔽悲傷，但可能會加劇悲傷的事物：娛樂性藥物、酒精、暴飲暴食、電視看個不停。與消極自私的人相處會讓人情緒低落，關注可怕的媒體報導也一樣。

當焦慮或恐慌襲來時，回到呼吸、身體感覺、聲音和感官接觸的安全港灣。

當心情十分低落時，正是自我同情和自我照顧最重要的時刻。友善的自我對話和許多快樂的事都是良藥。

有時候，想遠一點、看透一點也很有幫助。你活著，但不要把這件事當成理所當然。你的呼吸仍舊一吸一吐，你的早餐依舊美味可口。世界很大、很遼闊，你只是它的一部分。生命轉瞬即逝，有時那麼優雅簡單，有時是我們不知如何駕馭的黑馬。

即便此生仍有缺憾，但還是有企鵝、黃瓜、棕櫚樹、祖父、嬰兒、吐司和星辰，有神聖的平凡，有平凡的神聖。給自己「做自己」的充分許可，不再掙扎，與現實和諧相處，與事物的本身和諧相處。

借用我的禪師朋友亞瑟．威爾斯（Arthur Wells）的話：願你的身體舒適安逸，願你的心靈充滿喜樂，願你的雙腳穩穩踏在地上。

還有一點請記住，難看的髮型和好看的髮型之間只有一星期之隔。

關於走路

走路是靈魂的良藥，對身體也有好處。走路是空氣、街道、腳步、花朵、花園和邁開步伐，是漫步、蹣跚、拖曳、跋涉、跳躍、閒逛和流連。是思緒湧現的時刻，是肺部呼吸的時機，幸運的話，煩惱會留在你的身後。走路是眾多我們習以為常而忽略的事情之一，我們會走到再也走不動的那一刻。

走路是進入一天、進入世界的方式，是逃離自我、尋找自我的方法。正如小說家傑克・凱魯亞克（Jack Kerouac）所說，無處可去，但無處不在。喜劇演員史蒂芬・萊特（Steven Wright）也說得很好：有時間的話，哪裡都可以走得到。

我走過峇厘島洋溢著熱帶氣息的飯店花園，走過紐西蘭的寂寥海灘、紐約的熙攘人行道。在佛羅倫斯附近的一座山坡上，我信步於陽光燦爛的巷弄間，撞見一扇樸素的門，上方的牌子寫著：「伽利略誕生於此。」

我有時光著腳走路，有時穿學生皮鞋、舊運動鞋、紅色涼鞋或紫色麂皮靴。我也曾穿著破爛不堪的鞋子，走出了舊生活。還有一些地方，我的雙腳想前往。

不太確定自己要去哪裡，這種情況往往會帶來美妙的驚喜。是往街上那叢盛開的玫瑰走去？還是朝湖邊而行呢？你有體力走很遠的路，快步去圖書館一趟，還是只能走到不遠處買番茄，也許還有巧克力？

寫這篇關於走路的文章時，我的思緒卡住了，需要休息一下，所以我散步去了。

綠色葡萄柚，尚待成熟。斑駁的葉子，飄然落下。山茶花。涼爽的秋陽。兩顆汁多味美的芭樂從樹上掉落。散發真正玫瑰花香的玫瑰花。靜謐午後的深沉之美。我想到該如何處理與朋友之間的棘手問題，也奇妙地想起幾件一直想不起的事。回來時，對於我的這一天、我的一切，我都更加滿足。許多妙點子是走路想出來的。

紐西蘭有一種「綠色處方箋」，在施行藥物治療以前，醫師先以這種方式治療抑鬱症。它是透過健康飲食，以及散步等簡單的體能活動，來改善身體的各個面向，譬如睡眠、情緒、骨骼密度、血壓、關節炎疼痛等等。這個方法簡易又有效。古希臘醫師希波克拉底（Hippocrates）說得真不錯，走路確實是最棒的靈丹妙藥。

散步冥想是另一件愉快的事。這種溫和的靜心練習非常容易，比方說，你從停車場走到超市，只要途中與當下在一起，保持覺察，感受自己的腳步，不沉迷於焦慮的思緒中，這就完成了一次練習。越南釋一行禪師（Thich Nhat Hanh）在各地推廣散步冥想，建議我們用心走路，宛如每一個步伐都在親吻大地。

偕同朋友一起走路很棒，一邊散步，一邊閒聊，多麼愉快啊！

帶孩子散步也是一種享受。我喜歡和孫女在她家附近的公園走走，一起假扮仙女、美人魚、嬰兒和兔子。

有一次孫女說：「有時候我很需要跟人牽手。」於是我們就牽手了。

一個人走路很好，帶狗散步也是。跟一群人、一群孩子和一群狗，一樣很棒。走路很簡單，走路是移動的魔法，一步接著一步，享受每一步。

我的幾個夢

夢見一顆不見了的鈕扣，夢見一顆銀色的鈕扣。

夢見一罐鈕扣。

夢見一條會說話的內褲。

夢見收養四個孩子，然後退回一個。

夢見頭髮裡有小樹枝，頭髮插越多樹枝，大家就越喜歡我。

夢見一個我很高興能從中醒來的夢。

夢見尋找錢，夢見賠錢，夢見用軟糖代替錢。

夢見一個讓我覺得一切都有正確答案的夢，我幾乎知道是什麼。

夢見一個太深刻以至於無法記住的夢。

關於新加坡

在新加坡，玫瑰花香馥郁，我第一次來，一切都與想像的不同。

沒有一個地方是這樣的，但我開始喜歡上它：小印度、唐人街、便宜計程車、美味印度煎餅、飯店游泳池、熱帶晚風、蘭花、亂嘈嘈的美食廣場的香甜印度茶。我收集不起眼的幾件寶貝：小神像、香、燒給死者在天國使用的紙錢、紙紮祭品（化妝品、汽車、威士忌、衣服、香菸、高跟鞋，你可能會需要這些東西，因為死後時間很漫長）。

新加坡是我們的結束。你做的一切都讓我困擾，最困擾的是，和你在一起時，我非常非常不喜歡自己。但願我能更愛你，你值得一段美好的戀情，但到了最後，我已經不怎麼喜歡你，當然也不喜歡和你在一起時的自己——控制慾強、挑剔、善變、暴躁、迷茫。

我逃開了，獨自踏上幾場小冒險。在中國佛寺，假蓮花、真菊花和千尊鍍金佛像之間，我行了三鞠躬，滿懷悲傷。我對快樂是陌生的，對自己也是。

躲過一場季風雨後，我發現我的鞋子不光是濕透了，還壞了。

人生是一場漫長的悲傷。

我父親在我母親離開他之後自殺，這件事讓我很難允許自己離開一個男人。

直到回到伯斯，經過多次嘗試後，我才終於結束了這段關係。起先你困惑不解，接著變得憤怒。這事我幫不了你。

時間流逝，一開始我沒有更快樂，懊悔、困惑、孤獨、渴望壓得我喘不過氣，生活一團糟。我哀悼的不只有我們，還有生命中失去的一切。人都不擅長放手，但

我們終究必須放下。每一天、每一個死亡、每一次的擔憂或喜悅，都已經在腦後了。

我的夢裡，每件事都有狀況：我管不了整間教室的孩子。錯過公車。行李丟了。我夢到我是一檔叫做「名人捕鼠器」節目裡的明星，節目內容跟名稱一樣怪誕。我不像別人夢到美好的事，比如在花田上飛翔。但新加坡瀰漫著玫瑰花的香味，相隔許久之後，我終於能夠再次真實地面對自己、面對真相，無論多麼痛苦。

關於幫人看家

我在錦鯉池邊休息，聆聽水聲，整個人平靜了下來。睡蓮早晨綻開，每晚輕輕攏起，小雨滴細細落在花瓣邊緣。這棟房子裡，這座花園中，有這麼多的美——坑坑洞洞、堅硬的榲桲，結實纍纍的西洋李樹，銀甜菜，旱金蓮，尚未熟成的李子和葡萄。一間堆滿工具和自行車的小屋。一座披薩窯爐，呆頭呆腦地等候下一晚的麵團和橄欖。數十本食譜、幾百張唱片——有我喜歡的音樂，也有我從沒聽過的音樂。把昂貴的唱針放在黑膠唱片上必須全神貫注。兩隻貓，一隻很親人，一隻會抓我。

旅行數週後，我洗了衣服，享受長時間泡熱水澡的奢侈。這幢屋子是一個美麗又有創意的地方，是時候停下來，坐在葡萄藤下，用陶瓷茶壺品茗。

和一個不合適的人分手，我很傷心，這麼多個月的愚蠢、心痛和心情起伏。與他在一起不快樂，獨自一人時，我也沒有多快樂，現在依然如此。我困惑、悲傷、憤怒和孤獨，允許自己糊里糊塗過日子，一杯茶接著一杯茶，踉蹌前進。

貓咪撕毀了放在高處櫃子裡的鋁箔包飼料，其中一隻還從池塘捉了一條魚，魚懨懨地死在草坪上，閃閃發光。我把飼料收到有蓋的桶子密封起來，把死魚丟進堆肥桶，然後堅定地跟貓說話。我猜兇手是睡在我床上那一隻。幸好可愛的「抱抱」和「羅西」這兩隻大肥貓，夜裡沒啃我的臉。

傍晚，我沿著高於海面的堤防散步，天空是淡淡的天堂粉和天使藍。我朝著聖島——朗伊托托島祈禱，我要好好愛自己、好好愛生活，不要沉淪於過多的憂鬱。我回想起幫人看家的其他經驗，有一次弄髒一塊昂貴的木板，我留下以免稅價購買的杜松子酒當成補償。還有一次，居然弄壞了別人家的捲門。

幫人看家是一種中間狀態，是一塊綠洲，一次幸運的機會。

回到我另一種生活、回到澳洲的時候到了，我清理冰箱，留下乳酪、櫻桃和湯。我點燃焚香，從一個房間走到下一個房間，一路撒下祝福。再見了，貓咪。再見了，房子。再見了，紐西蘭。如果你在一個國家出生，在另一個國家生活，你永遠不知道哪一個才能稱為家。

關於靈性生活

一日的生命已足以令人欣喜。即使只活一天，如果能覺醒，那麼這一天遠勝無止境沉睡的一生……如果你百年的生命失去了這一天，你還能再次用手觸摸到它嗎？

——道元禪師

怎樣才是過著靈性生活？這是每個人必須自己回答的問題，也是一個持續存在的問題。因為靈性生活是一種隨著時間變化的存在方式，會帶來屬於它自己的挑戰、要求和樂趣。

靈性是一個廣泛的概念，但通常涉及超越小我的信仰和連結。如何稱呼這個廣闊的概念並不重要，上帝、宇宙、神聖、道、法、更高的力量、善的力量、王室之星，甚至是格洛麗亞·桑西巴爾·馬格洛利亞都可以。

我不認為靈性與禮拜天上教堂有關，或者與靜修的神祕體驗有關，儘管這些可能是靈性的一部分。日常生

活本身就是奇蹟，也是活生生的實驗。從你醒來到入睡的那一刻，每分鐘都是神聖的一分鐘。當我們全心全意關注每件平凡的事物——洗車、洗碗、幫狗洗澡、給嬰兒沐浴，都能在其中找到神聖。每一件事都是神聖的。

其實，想要培養靈性、將神聖帶入日常生活，有許多簡單又有趣的方法。

比方說，早上醒來時，發誓要好好利用這一天。據說，當逝者俯視這個世界時，他們所期望的就是再擁有一個平凡的日子。想像這是你在地球上的最後一天，然後全力以赴，盡情付出。

尋找比自己更偉大、更有意義的事物，致力與它建立更深厚的關係。

與大自然保持聯繫：潮汐、季節、鳥類、植物。腳掌踏在大地上，腳趾陷入沙中。觀察月相。練習森林浴和觀星。遵循拉爾夫・沃爾多・愛默生（Ralph Waldo

Emerson）在〈Hamatreya〉一詩的建議，成為大地，在花叢中歡笑。

活出真實的自己。可能是採取政治行動、拒絕某事或某人、不接受流行觀點或相信任何東西，除非你自己發現它是真實的。

承諾非暴力。在實踐自己的過程中，盡可能不造成傷害。用敬畏的心對待自己、他人、動物和地球。滋養內心的和平。

善待你的身體。人終有一死，但如果照顧好自己，離死亡的時刻可能會遠一些。腳、眼、手、眉、骨骼、心臟、肝臟、腎臟——都值得細心照顧和溫柔關注。

瑜伽不僅是一項運動，也是一種涉及呼吸、身體和精神的神聖修行。任何讓你進入身體的活動都可以成為靈性行為，比如太極、散步、騎單車、跳舞。

多玩。每一天選擇一個主題加以實踐：勇敢、喜悅、色彩、驚喜。

為他人做些事。與一個孤獨的人交談，烤蛋糕，照顧孩子，遛狗，陪一個不能出門的人打牌。愛的服務是雙向道路，能給雙方都帶來回報。

無論遇到什麼都心存感激，把困難視為放鬆的時機，什麼都可以是靈性生活的一部分。面對生氣的同事，記得保持和善；踩到狗屎，記得大笑幾聲；晚餐燒焦了，記得下次注意。把握每一個溫柔的機會，不責備、不羞愧、不自責，盡了力就已經夠棒了。

我們的住所就是我們的聖殿，好好發揮創意，用色彩、織物、藝術品和現成物品去布置，也是靈性消遣。無論是從字面還是隱喻上來說，扔掉不想要或不需要的東西都可以創造空間。日語的「床の間」，指的是壁龕或凹室，用來展示簡單而美麗的物品歡迎訪客或提振精神，比如一朵花、一塊石頭或是一幅卷軸。展示物隨著季節或突發的念頭更換，你也可以把架子或窗臺當成你的「床の間」。

照顧牙齒、照顧花園、照顧友誼、照顧地球。放慢腳步，留心觀察需要做的事，與人事物及自己建立聯繫。破損的單車、雜亂的冰箱、凌亂的衣櫃、骯髒的角落——都能在溫柔的關懷中受益。尤其是兒童，他們是我們最需要關心的。

讓烹飪、插花、縫紉或繪畫，成為你的靈修活動，把生活當成進行中的祈禱。打掃屋子，好像耶穌即將到訪一樣。

放慢腳步，一旦匆忙，你就錯過了這一刻，就錯過了生活。

晚飯前點燃一支蠟燭，獻上祝福。有許多美妙的祝福已經存在，你也可以創作屬於自己的，或者每次都想出一個新的。

保持你的精神活力，隨身攜帶。用所有的愛和接納去面對每一天、每一個人。

要做探索者，不要做勘探者。勘探者只找一樣東西，傳統上是黃金。探索者則是出發尋找所能尋找的一切。大膽走入神祕之中，凝視星星可能使你意識到自己有多麼想念童年的愛犬。困境展現了你也不知道的自我力量，讓未知變得有趣。

不順利時，放自己和他人一馬。泡杯熱飲，做一份美味的小點心，再次下定決心要放軟身段，容許各種情況發生。你在這裡，在這如此美麗的人生中，被如此多的美好和奇妙所包圍——不然，你還能在哪裡呢？

如果你從靈性練習中得不到樂趣，就問一問自己如何讓它變得有趣。嘗試對你有效的方法，不行就換一種，你是成年人了。禪師吉爾．弗朗斯代爾（Gil Fronsdal）對他的學生提出一個有趣的問題：如果佛陀現身，對你說他很抱歉，他弄錯了，他所教的一切都不是真的，那麼你還剩下什麼呢？除了老師、書本和教義之外，你自己還知道什麼？

入睡時，感謝一天中的美好事物，如果什麼都想不起來，就感謝下面的床、上面的屋頂、腹中的食物、水龍頭裡的水、你的呼吸。對事物的現狀感到滿足，是簡單、高尚和勇敢的。熱愛自己的生活，不抱任何目的——有什麼比這個更神聖的呢？

你不必走一條複雜的靈性道路，只要放鬆，迎接當下就好。

這個平凡的日常世界，神聖而聖潔，且沒有任何遺漏。

關於平凡的一天

我在早上醒來——這是一個經常被視為理所當然的奇蹟。我早餐吃酪梨吐司配茶，然後洗了個澡，換上藍色洋裝，戴上幸運骰子耳環，走在陽光下，去寄書給我的外甥孫。只是一個平凡的早晨，只是一個平凡的日子。

我出門參加氣候變遷的抗議遊行，結果多走了一趟，因為我忘了帶上標語牌，只好跑回去拿。月臺上，有幾十名青少年也要前往市區，真叫人感動。上了火車，我把寫著「為孫女拯救地球」的紙牌放在膝蓋上，一個年長的英俊男士坐在對面，穿著嬉皮涼鞋與印上原住民旗幟的T恤。他雙手合十，對我鞠躬致意。我覺得身邊都是志同道合的人，到站後就跟隨人群朝著大教堂走去，那裡聚集了很多人。我巧遇了一位多年未見的朋友，接著加入佛教環保組織，一起站在我們的布條旁。豔陽高照，不過我們都慶幸自己到場了。現場的年輕朋友口才好、熱情真誠，但我覺得演講和唱歌拖太久，讓人很不耐煩，而且我還忘了戴帽子。好不容易，遊行隊伍總算出發了，我們走在聖喬治大道上，用標語和吶喊表達心聲。天氣炎熱，場面混亂嘈雜，氛圍倒是輕鬆溫和。

我一輩子為了爭取自由而遊行，現在為了拯救地球而走，不單是為了孫女，也是為了孫女的孫女。人潮眾多，我一時找不到我最好的朋友，不過後來發現了她。她戴著那頂破破爛爛的兔毛氈寬簷軟帽，整個人曬得黝黑，看起來又強壯又健康。我跟她同齡，卻開始覺得自己年紀大了，動不動就暴躁，而且容易頭疼。我怪自己忘了帶水來。

她說：「好有趣。」長年積極從事環保運動的她，也是澳洲東岸反頁岩氣活動的老將，抗議成績相當斐然。聽了她的話，我露出苦笑，因為我突然厭惡這一切，厭倦了一生都在遊行示威，厭倦了這個星球的糟糕狀況。我好討厭資本主義，為什麼孩子要為這些破壞付出代價，搞什麼鬼。

走著走著，就快走到會議中心，裡面正在舉辦天然氣和礦業大會。既然完成了抗議任務，我便脫離隊伍，帶著我的紙牌站在斑駁的樹蔭下，望著最後一批遊行隊伍經過。有一位年輕女子也停在一旁觀看，我和她聊了起來，還請她幫我拍照，她好心幫我拍了。照片中的我，站在威廉街和聖喬治露臺交會處的樹下，舉著我的標語，神情陰鬱。

這位小姐告訴我，她在大學讀書，主修藝術史。

她說：「因為我們對地球所做的一切，我不確定自己想不想生小孩。」她走了，我在原地站了一會兒，為她、為所有人感到非常傷心。

我頭疼得更厲害了，所以打消了留在市區辦事的計畫，直接走去車站。正值午餐時間，城市工人忙著聊天、買東西、吃東西、喝五花八門的提神飲料。

我真想對他們喊話：「別再買東西了，你們正在加速破壞地球。還有，不要喝碳酸飲料，那對身體不好。」

我沒有養貓，但我正在變成一個古怪的貓奴老太太。回家的火車上，我滿懷希望，卻也疲倦不堪。大量消耗體力之後，我需要吃點午餐，休息一下。

我想要一個平靜的午後，但這個心願落空了。

迎接我的是基督城發生恐怖攻擊事件的壞消息，一名澳洲籍槍手闖入兩座清真寺開槍掃射，造成四十九人罹難，以及許多人受傷。我不明白怎麼會發生這種慘絕人寰的悲劇。

氣候變遷抗議遊行、槍擊事件——兩件事以某種不同尋常的對比方式並列，我感覺自己開始變得麻木。有時，我們實在遏制不了宇宙的悲傷。

經過一個同為紐西蘭人的鄰居身邊時，我提起了我

們國家所發生的悲劇。
他說：「你知道的，死傷的都只是穆斯林。」
我以為他在開玩笑，結果不是。
他繼續說：「他們認為我們是異教徒，他們想殺我們，因為穆拉*要他們這麼做。」
我告訴他，我覺得他的評論很過分。
我說：「我認為殺人就是不對。」
他堅持說：「你還沒好好想過這件事。」
「我們只能尊重彼此有不同意見的權利。」我咕噥著最近很流行的一句話。「別再為這件事彼此折磨了。」
我關上家門，獨自面對我的震驚、我的恐懼、我的憤怒與痛苦。
那天稍晚，我又碰到了他。
「我們還說話嗎？」我問，盡量保持平靜。我一點也不想跟這個人交惡，他至今看起來都還是個不錯的人，會幫生病的人做菜，雖然自己身體狀況也不好。

「很高興看到你，我一直在擔心。」他回答說，然後繼續更詳細解釋他的觀點，語氣比先前溫和一些。他的想法根植於恐懼和種族主義，與我的觀點截然不同。但我靜靜聽著。

我說：「我認為死去的人是無辜的受害者。」他點點頭，我們笨拙地抱了一下。

據說，聖雄甘地（Gandhi）曾說過，如果你不能在你遇到的下一個人身上找到上帝，那麼繼續找下去也只是白費功夫。如果你同意這個觀點，那麼我和我的鄰居就是以奇特形式出現的上帝，各自以笨拙的方式走向耶路撒冷。

小孫女問我什麼是集會抗議，我用簡單的語言向她

※Mullah，伊斯蘭教對於教士或領袖的尊稱。

解釋。

「有些人在做對地球有害的事情。」

她說：「我沒有。」

她那張聰明天真的小臉蛋，是我拒絕向絕望和痛苦投降的原因。我會繼續相信大多數人是正直的，我會在必要時上街遊行，我會努力理解人與人之間的差異。我會繼續採取政治行動，為了我自己、我的孫女，也為了她的孫女。

今天絕不是一個平凡的一天。這一刻，從未有過，也不會再有。這一天，粒子在空間中移動，以神祕、恐怖和神奇的方式排列再排列。

獻給東尼・霍格蘭*

再會，我仰慕卻未曾謀面的詩人，
我喜歡你那誠實神經質的自我，
喜歡你在紙上提供的隻字片語。
你離開的世界仍舊非常奇怪，
休·海夫納的紅色晚間便服，
在拍賣會拍出五萬六千八百四十七元的高價。
小丑唐納德
一點也不好笑。
蝙蝠從樹上摔死，
很快地，所有的昆蟲都會消失。
在巴黎，素食主義者攻擊屠夫。

＊Tony Hoagland，美國詩人，於二〇一八年病逝。

對這一切憤怒很容易，但又有何用。
我個人的懺悔：我相信創造力、
我的孫女、大海、熱飲。
我依戀獨處，然而孤獨。
我的夢充滿焦慮。當我離開
人們會記得我做的湯，
還有為每個朋友挑選恰當的連環漫畫。
萬聖節。我走在街上，
欣賞衣著鮮豔的兒童，
南瓜和鬼魂裝飾的花園。
我是一個古老的快樂女巫。
跟隨你到最後一個句點之前，
我還有一些動詞、形容詞和名詞要使用。

關於思考

我們活在一個把思考看得比其他東西都重要的世界，我們被教導去相信理性的頭腦是國王、王后和方塊A。但是，思考也可能不準確、不可靠，畢竟想法終究只是想法。關於如何從這裡到那裡、如何處理銀行業務、如何烹煮印度菠菜起司咖哩，我們確實需要思考來協助。然而大部分的思考都是不必要的，它們會造成困惑、引發矛盾，價值相當有限。

抑鬱與焦慮、消極的反芻性思考有關。當無益的思想在腦袋中繞來轉去，不知通往何處，有時就走入了漆黑的憂鬱洞穴，讓心變得焦躁不安。佛學老師約瑟夫・戈德斯坦認為，我們九成的思考都沒必要。

認知行為療法是一種有用的工具，鼓勵人們檢查自己的思考，了解它是否有利於明智愉快的生活。常見的錯誤包括過度思考、災難化思考、非黑即白的思考，以及要求或認定事情就該以某種方式進行，而不接受生活的

現狀。

佛陀沒聽過認知行為療法，卻也鼓勵人們保持健康的心態，他教導眾生：善良、清晰和慈悲的思考會帶來快樂。我們需要練習才能意識到自己的思考，進而去重塑自己的想法。因為我們經常迷失在思考中，被無止境的判斷、計畫、記憶和零碎的情緒（惱怒、不耐、消極、焦慮和恐懼）壓倒。我們的許多問題，是自己和糾纏不清的自我中心思想所創造的，難怪有人詼諧地把「大腦」（Mind）解釋為「最不準確的神經戲劇」（Mostly Inaccurate Neurological Drama）。

我們基本上都活在自己的想法中，所以讓思考成為一個平和的地方就有其意義。如果思考受到貪婪、仇恨和無知的驅使，我們就無法提高幸福感。當事情似乎不順利時，查看一下自己的想法，看看它們受到什麼事情影響；也可以舒緩一下心情，讓事情變得更明朗。何必為自己設想最壞的情況呢？何必急於指責和羞辱，或者——如安·拉莫特的巧妙形容——苦苦思索，想它想到要死，結果只會讓事情變得更糟糕。

掌控自己的思考，讓它朝積極快樂的方向前進，這是一種強大的解放行為。我從朋友布麗姬特·卡洛那裡學到了很棒的一招，她收到帳單時，不會感到討厭，想著自己多麼缺錢，她反而對自己說：「幸好這筆錢我還付得起。」然後心甘情願繳清了帳單，把這件事拋到九霄雲外去了。

在不知所措、瀕臨崩潰、疲憊、脆弱或恐慌時，對自己說什麼話語是最溫柔的？應該不是「我應付不了」、

「人人都討厭我」、「生活很糟糕，再也不會有好事」這些話。更理想的做法是安慰自己，雖然此時此刻難以面對，但發生的一切其實都只是身體感受和大腦念頭，都只是一時的。

深呼吸，放鬆身體，感受身體的感覺，接著對自己說幾句支持的話：「這一切都會過去的」、「這只是感覺，沒有關係」、「事情一定會解決的」。如果有所幫助，那麼不妨躺下，或出門走走，或靜靜坐在陽光下，直到恢復平靜。

根據我的經驗，有一種技巧對失眠很有幫助。我平常沒有睡眠問題，但如果過度疲勞和過度刺激，偶爾會陷入一個陰暗恐怖的思想空間，會越來越焦慮而無法放鬆入睡。有時我遵從睡眠專家的建議，下床做一些放鬆的事，等到睏了再回到床上。但問題是，三更半夜的，我已經沒力氣了，根本不想下床。有時我會吃一小片抗焦慮藥，不過這種藥會讓我隔天昏昏沉沉的。讓自己昏過去，也無法真正解決持續存在的問題。

所以我開始練習「身體掃描」——鬆弛身體，並接納所有的感覺。我讓那些說我在走下坡、瘦得像竹竿、徹底瘋了、最後會被關進精神病院的聲音安靜下來。你可以想像，上述那些想法沒有幫助，也不愉快，而且不是真的。我提醒自己，思緒只是思緒，這些思緒不明智，有腐蝕性，對我一點好處也沒有。我會改對自己說些更友善的話語。

別擔心，親愛的，這種事有時就是會發生，人人都可能遇上。即使你有點累，明天就沒事了。你想起來喝杯甘菊茶，畫一朵漂亮的花嗎？還是你只想舒服地躺著，然後慢慢地睡著？沒關係的，親愛的，不用擔心。

這招通常有用。如果還是睡不著，我就會玩一個自創的遊戲：列舉我很幸運擁有的東西。茶巾，熟透的酪梨，拖鞋，手肘，印度教吉祥天女拉克什米的圖卡（她的肚腩有一顆珍貴的珠寶），彩色鉛筆，衛生紙，漂亮的圍巾，信箱。不斷重複，不斷重複，結果——哇，醒來時都已經天亮了。我們的思想創造我們的宇宙，如果我們負起責任，訓練思想朝向光明，那就不會再給自己添麻煩了。

內心的平靜和滿足，取決於思想的品質。沒有醫學，沒有心理醫生，也沒有任何大師能為你做這項工作。但別擔心，你只需要從現在開始一直這麼做就行了。有時什麼都不用做，日子很平靜，你的思想也健康理智。但是當焦慮、消極、擔憂、憂鬱和絕望襲擊你時，記住，放鬆腹部，表現出豐富的善念。而且既然你的腦子裡都是故事，那不妨給自己講幾個好聽的故事吧！

邊界

觀世音菩薩的孩子不願意離開電腦，
釋迦牟尼在社福中心排隊等候，
道元禪師的心理醫師要他服用百憂解，
臨濟義玄為另一個男人離開了丈夫。

五方佛正在經歷更年期，
達摩的女兒塗上性感的口紅，穿著十孔馬汀靴，
無門慧開的前女友給了我一塊水晶，一些玫瑰天竺葵精油，
綠度母的母親正在學打橋牌。

象頭神揮舞她的眾多手臂，拿出一本時尚雜誌，
一片創意披薩和一杯霞多麗酒。
約書亞被盜了，他們偷走他的萬事達卡。

維摩詰菩薩選擇奧普特斯電信，
多傑羌佛把頭髮染成燦爛的寶石紅。

我看到大慈大悲觀世音，
在一個停車場。她只是笑了笑，對我眨眨眼。

從人生學到的東西

我可以想像，有人讀到這個標題時，會想將手指伸進喉嚨，假裝發出嘔吐的聲音。

「太歐普拉*，太嬉皮，太新時代**，太說教，太什麼什麼了！」你嘟囔著。

但說真的，在這所人生學校，我們到底學到了什麼？我學會——有時得經歷慘痛的教訓——繼續做任何會帶來糟糕結果的事，都是自討苦吃，不如不做。抱怨、期盼他人改變以滿足自己的期待、過度做任何事、討好別人、操心、對任何事都感到害怕，以及批評他人、買太緊的鞋子，或便宜但十分平庸的衣服，通通都屬於這類。

你對過去無能為力，只能好好觀察，從最積極的角度看待，然後繼續前進。例如，就我而言，沒錯，我的父

---

* 指美國脫口秀主持人歐普拉．溫芙蕾（Oprah G. Winfrey）。

** New Age，起源於二十世紀七〇至八〇年代的西方社會，是一種推崇去中心化的宗教及靈性活動。

母很難相處，但他們把我帶到這個世上，供我吃穿，教我怎麼煎出像樣的蛋捲，以及如何家貧如洗也過得好、如何舉辦一場賓主盡歡的派對。在我心中，他們有著對教育的尊重，還有對書籍、藝術、詩歌和音樂的熱愛。從他們的錯誤中，我學會自由的愛情不是真正的自由；而他們的早逝，則讓我學會堅忍不拔，並體認到家人的重要。謝謝你們，鮑伯和艾琳。

從優秀的精神導師身上，我學會個人對大多數的事都無能為力，但如果你對自己的行為負責、善待他人，並培養知足的心、抱著愉快的心情行動，那麼當下的感覺就會好很多。

我學會不在財富、事業、名聲、感情或無盡的異國假期中追求永恆的快樂，最好珍惜此刻擁有的，並充分享受它，不再相信「天堂在他方」。

我學會有些感情就是不會有好結果，如果我不能在其中茁壯成長，那麼就必須放手，雖然這不容易。

我學會堅持自己的信念，因為我知道世界永遠會以我改變不了的方式發生天災人禍。

我學會欣賞一切，特別是蜜蜂。總有一天牠們會消失，我也會消失。現在，我待在地球這所學校，我還有很多東西要學。

關於感恩與喜悅

杏仁核位於大腦邊緣系統，負責留意災難，引導我們預期最壞的情況——一隻老虎隨時可能朝你撲來！在古代，如果老虎真的向你走來，這是有用的訊息。但不幸的是，它現在可能讓我們活在焦慮和恐懼中，預期著不存在的危險。

積極的心理狀態，譬如喜悅和感恩，其實是可以培養的。對於情緒經常低落的人來說，培養這些積極心態尤其重要。

我們隨時隨地都能培養積極的心態，因為身邊總有值得欣賞的事物，好比一朵花，一抹微笑，一杯咖啡的香氣。小說家暨理想主義者羅曼．羅蘭（Romain Rolland）說得非常好：「世上只有一種英勇——看到世界的真實面貌，然後好好熱愛它。」

我感激的事有：

我的兒子
他的妻子
我的孫女們
實際上是我的全家
蔬菜
米飯
游泳
讀書
現場音樂
印度香料奶茶加蜂蜜
夕陽
星星
印度拉格舞曲
擁抱
睡眠

電影
我的朋友
治療

寫日記
軟地毯
鮮豔的衣服
花園
長途步行
生活在一個沒有戰亂的國家
爵士樂
摩托羅拉河
咖哩
馬鈴薯
芒果
亮晶晶的珠寶
和服
長頸鹿
單車

瑜伽
我最喜歡的咖啡館
圖書館
床頭的書
布料
線
珠子
紙
顏料

不要低估寫感恩日記的力量，即使度過非常辛苦的一天，你也會驚訝地發現有那麼多的美好存在。如果你對感恩的概念不感興趣，找一個能讓你產生共鳴的詞，比如滿足、喜悅或舒適，然後列出你的祝福，向這寶貴生命的慷慨致敬吧！

關於問題

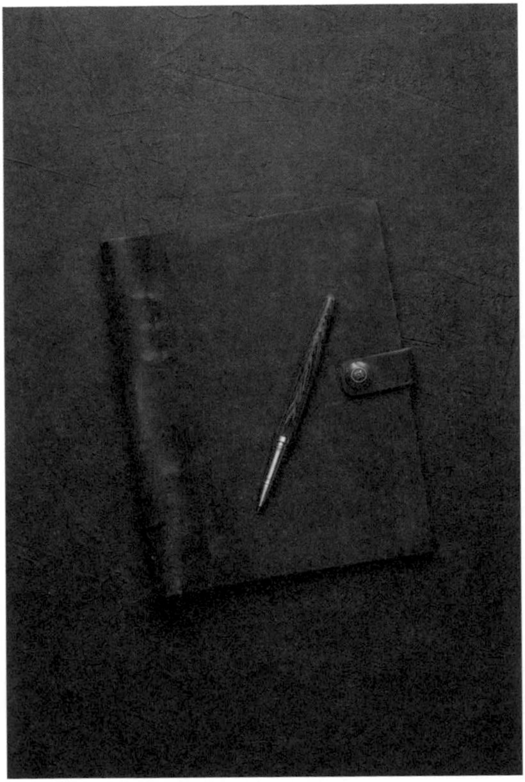

你需要什麼條件才能茁壯成長？

你最近去了哪裡？你未來的目標是什麼？

什麼事情讓你感興趣？你喜歡什麼？

你小時候喜歡什麼？

在你的生活中，哪些方面不支持你的精神成長？

你目前是自己最好的朋友，還是最大的敵人？

你為自己做了什麼？你為別人做了什麼？這兩份清單是否平衡？

你如何以不花錢的方式滋養自己？

你今天做了什麼自我照顧？

你明天可以做什麼自我照顧？

你能滿足於事情的現狀，不需要他人改變他們的行為來配合你嗎？

如果你面臨挑戰，佛陀、耶穌或你所認識最有智慧的人，在這種情況下會怎麼做呢？

放棄你最痛苦的想法會是什麼感覺？

如果你只剩下一年能活，你會怎麼生活？

既然你不知道自己還能活多久，為何不乾脆就這麼過活呢？

你最重要的事情是什麼？
列出十個奇蹟、三個冒險和一個對自己的承諾。

關於做決定

大多數人認為做決定不容易，有人甚至覺得做決定難如登天。認識我的人都知道，有時我會為了一個簡單至極的決定陷入存在危機，複雜的決定就更不用說了。我有時並不清楚自己的感受和需求，所以要做出明確的選擇時，就會顯得猶疑不定。在這方面我並不孤單，我參加的「酗酒者成年子女」群組中，有一個人形容得非常貼切：「我知道有『穩定』這項東西，我搖搖晃晃經過時看到了。」

我學到幾個有助於做決定的策略：如果我們認為決定有正確和錯誤之分，而我們不知道哪個是對、哪個是錯，那麼我們就會非常痛苦。如果假定任一選擇都可以，整個問題就簡單多了。沒有什麼是完美的，所以不妨放鬆一點。

波斯詩人魯米（Rumi）說過：「生活吧，就像一切都對你有利一樣。」當我們相信這個世界，期待著圓滿的結果而不是災難時，事情會變得非常美好。

如果你想要一個聰明又溫和的解決辦法，那就運用你最聰明又溫和的能量。你的行動是出於愛還是出於恐懼呢？誕生於消極的解決辦法很少會是最棒的，所以請鎖定你的創意趣味能量，不要收聽「恐懼之邦」的廣播。

有時候不做決定也是件好事，沒必要與問題搏鬥到底，就任由它去吧，看看會有什麼變化。假以時日，這個世界一定會想出解決辦法的。順其自然需要耐心，但如果情況不明朗，我們甚至得不到完整的資訊。此時，讓手離開方向盤可能是一種明智的策略，至少從比喻上來說。就像我的禪學老師所說的，事情顯得相當緊急時，當下什麼都不要做。道家哲學主張順勢而為能成大事，這有賴於你能信任潮流的方向。同樣的道理，如果你相信世界對你有利，也許你就會對來臨的一切感到高興。

感到壓力時，躺下休息很好，喝杯茶、冥想一下，也是不錯的選擇。長時間散步非常棒。別在瑣碎的決定上浪費太多時間，面對真正重要的決定，享受寬裕的奢侈，讓自己來回擺動，直到清晰的想法浮現。

抵制急於將事情一刀切成「是」或「不是」的衝動，避免模糊所導致的脆弱。「不知道」也是很好的答案，學會與不確定性相處，你會更輕鬆自在。

太多選擇會讓事情顯得複雜、令人感到迷惑，因此，如果可以，將選擇縮減到兩個。相信你的直覺，當你傾聽直覺、內心和常識時，清晰的答案通常就會浮現。如果直覺的答案不夠明顯，運用你的理性思考，問幾個能以「是」或「不是」來回答的問題，例如：這是否符合我最深層的價值觀？是否舒適和安全？有時選擇最簡單和最容易的方法就是好的。

一旦做了決定，就要堅定地去執行，繼續向前不回頭。除非你被迫做某些不適合的事，那麼改變心意沒關

係。假如有時間思考，認為這個決定並不適合你，那就改變心意吧。牢記一句土耳其諺語：不管你走錯了多遠的路，最後都要回頭。

另一方面，盡可能不要動不動就改變主意，因為焦慮和困惑只會帶來更多的焦慮和困惑。「買方悔恨」就是一個經典的例子，買了一件貴重的物品後，立即陷入焦慮與懊悔之中，這種事常有，是人之常情。思想宛如一陣旋風，但它也可以是一個寧靜的地方——至少有些時候如此。請記住，無論你做什麼，都不可能完美，追求「夠好」就好了。

善待自己，就像應付一個需要零食和犒賞的淘氣小孩。看看窗外，因為鳥兒、雲朵、天空和葉子都還在，這一天就值得細細品味，大部分的煩惱都是自尋的。

關於哼著歌的心靈廚房

我做飯，因為我餓了。我做飯，因為我需要吃東西。我做飯，因為印度教大師和神祕主義者尼姆．卡洛里．巴巴（Neem Karoli Baba）說：「愛別人，餵飽他們。」我相信他是對的。

我做飯，因為做飯讓我與大地連結，因為做飯有時是唯一有意義的事。我做飯，因為加上杏仁、燕麥、奶油、糖和肉桂，原本沒滋味的燉李子會變得好吃極了。

我做飯，因為羊奶乳酪與菠菜是完美的組合；烤花椰菜、烤番茄和烤馬鈴薯很美味，事實上，任何蔬菜經過烘烤都很棒。也許除了豌豆，沒錯，豌豆不算在內。

道元禪師說過，一粒飯也不該浪費。為了向他致敬，我成為「什錦湯女王」，這是我的超能力。運用這種超能力時，我看著冰箱思考，趁著食材還沒壞以前處理掉。在我家，什麼都不浪費，所有的食物不是吃掉、冷凍、打成泥、分享出去，就是放到大砂鍋，送進爐子裡烤，最後搭配脆皮麵包。創造力是無中生有的藝術，快壞了的麵包可以變成麵包粉、酥脆的麵包丁，甚至加入雞蛋、香草、乳酪和鮮奶油，烤成美味的麵包布丁。如果菜快爛了，你不知道該如何處理，不妨先煮熟、調味，再用食物調理機打成泥，加入一點奶油——這就是一道湯。

有趣的食物事實：從一個人的煮飯方式和飲食習慣可以認識一個人；芒果卡在牙縫很難清理，但值得；芫荽和甘草的味道讓人不是愛就是恨，沒有中間的選擇。

在廚房要記住的事：準備食物前要洗手。使用各種顏色的食材與食物類別。依據季節烹飪，春天吃蘆筍，秋天吃梨，夏天吃漿果與核果，冬天吃根莖蔬菜和燉菜。放鬆心情，享受做菜過程。繫上復古圍裙，一邊擦盤子一邊聽著最喜歡的音樂。完全投入，用愛烹飪。做菜時心懷感激，吃飯時用心品嚐——你也是幸運兒。

偷偷懺悔：有一次，在傍晚時我扔掉一些壞了的優格，因為連 Google 也提供不了壞掉優格的用途。

我決定不毒害我的朋友，也不使我的湯走味，直接扔進了堆肥箱。堆肥箱萬歲。

關於旅行

我一直在思考旅行，或者該說我一直在思考不旅行。一開始，是為了減少我的生態足跡，後來因為疫情而暫時不能旅行，這變成更深層次的思考了。

在我大部分的人生中，「此時此地」似乎不討人喜愛，「他方」總是給人更大的希望。我不安的心靈和豐富的想像喜歡構想一個更好的未來。我認為我可以肯定地說，我不是唯一一個陷入這種錯覺的人。禪師羅伯特．艾特肯（Robert Aitken）說得很好，這種錯覺是「想在他方尋求更好的容身之處」。

舉個例子吧。今天早餐時，一股混亂的悲傷浪潮幾乎要把我吞噬，誰知道是什麼引發它的到來？也許是因為未來幾天的不確定性，也許是昨日那通令人難受的電話。心靈和思想有自己神祕的節奏和理由，但深沉的悲傷來了就是來了，我告訴自己，繼續過好這一天。

然而，當我渾渾噩噩過日子時，一連串逃避的想法湧入腦海，但沒有一個可行。

想藉著改變環境逃避自己，這是一個古老的遊戲。

但問題是，就像喬・卡巴金（Jon Kabat-Zinn）所說，無論我們去哪裡，我們都在那裡。如果我們內心憤怒，它會在排隊登機時顯現出來。如果我們焦慮不安，無論身在曼谷還是柏林，依然焦慮不安；在曼谷可能會更加焦慮，因為那裡的交通擁擠不堪。如果心懷不滿，即使在最優雅的地方，我們照樣吹毛求疵。

既然百無聊賴地查看飛機票價也是做白工，那我不如停止對峇里島假期抱持美好的幻想，趁這個契機好好審視自己的不滿。是什麼阻止了我熱愛現在的生活？為什麼我不滿意自己的公寓、衣服以及今晚蒼白的日落？為什麼我匆匆忙忙去追尋下一刻，漠視雙腳踩踏在草地上的感覺，無視玫瑰的芬芳？以這樣的方式生活，我錯過了太多，我難道不能靜靜坐在陽臺上，欣賞鳥兒，慢悠悠地品味茶香，不抱著身在他方的願望嗎？

我想起維多利亞・羅伯茲（Victoria Roberts）的一幅漫畫。一名女人興高采烈地告訴守著扶手椅不出門的丈夫，她要去法國，因為她在那裡會是另一個人。我想，如果峇里島能讓我展現出內心多彩的嬉皮本性，那麼，在我的生活中，我應該更充分地接觸那一個我，根本不必買張機票。

許多旅行沒有按照計畫進行。我們的計畫不包括班機延誤、行李丟失、時差、粗魯的人、無聊或恐怖攻擊。也不包括全球流行病。「逃離生活吧！」旅遊廣告向我們發出邀約，但我們不可能逃離無常的世事或內心的痛楚。最後無處可去，只能留在原地，成不了什麼特別的人，也沒有比當下這一刻更美好的喜悅。

活在當下、面對現實，恐怕才是最大的冒險。正如蘇珊・桑塔格（Susan Sontag）所說，旅行可以帶來無數的祝福，但也可能只是一種積累照片的策略；有時，計畫和記憶比實際行動更叫人快樂。大規模的旅遊業給峇里島等地區帶來許多負面影響，但疫情爆發後，島上少了外國旅客，當地家庭手工業，比如製作天貝，反而逐漸復甦。得知這個消息，我感到既欣慰又謙卑。在餐廳和旅館工作的年輕人返鄉注入了新活力，這無疑是一件好事。

並非我們不該旅行，去體驗其他文化帶來的喜悅、見解、學習和連結。但在這個瞬息萬變的世界，或許我們可以學習享受離家更近的小冒險。

最後的幾個想法：出門旅行前，把眼前的一切都打掃乾淨，這樣如果你在外地過世，別人不單會想念你，還會記住你特別愛整潔。此外，旅行時老是帶錯衣服，並且起碼會少帶兩樣東西，但，這都是小事。

跟著月亮回家

獻給艾特肯禪師

它像一團奶油滑落
在低垂的天空，
幾乎不像月亮，
欺騙我們相信
那只是另一樣東西，
儘管我們想不出是什麼。
偽裝成一個胖嘟嘟會飛的形狀，
躲在高樓後方，
最後又以月亮的面目現身。

今晚我們聽了禪師的演講，
俳句大師，古老的微笑，智者。
他的話語賦予黑夜力量。

我們聊天，我們開心。
就這麼
跟著月亮回家。

關於靜坐

劇情透露警告：佛陀有日，人生是苦。哪些苦呢？

生苦
老苦
病苦
死苦
怨憎會苦
愛別離苦
求不得苦

我們不喜歡苦的真相，暗自希望如果我們適當飲食、勤奮運動、好好相處，就能狡猾地避免那可怕的東西；如果我們採取正確的行動，就能避開煩惱。

沒用。我們愛的人會死，我們的身體會出狀況，兒童也可能得癌症，人類甚至會互相殘殺。從生態學的角度來看，我們的情況相當糟糕，不管我們簽署了多少請願書、做了多少善舉，人類的苦難之火都無法平息。

所有的相遇終有一別，死亡是我們的最後歸宿，這個認知讓人生顯得毫無意義，令人失望。快樂和歡樂仍舊會降臨，只是無論怎麼瘋狂地重新安排「命運號」上的躺椅，身為人類的我們依舊天生脆弱。

那麼，何必冥想？何不繼續追尋世俗的快樂？何不遠離靈性，盡可能為自己爭取快感，然後繼續前行？這確實是一種選擇，也是許多人的選擇。

但有人選擇了另一條道路，因為如同一位西藏智者所言，冥想的目的是為了「讓困境好轉」。

生活不可能沒有困難，但面對現實、接受現實是相當簡單的。如果學會定期擺脫世界無休止的需求，我們就能夠為自己創造一個喘息的空間。也許乍聽之下與我們的直覺認知相反，但如果能靜止不動，與我們的感受、身

體的感覺和內心深處的寂靜同在，反而更能欣賞這個世界，不再被人類處境的不確定性所壓倒。放慢腳步，你才能充分品味生活，不管是幸福的滋味，還是悲傷的滋味。

我們會發現自己擁有那些從未意識到的力量、從容、平靜和耐心。貯藏這些能量，在強風襲來時很有幫助。

如果我們少了培養意識的智慧，生活可能會混亂不堪，充斥著成癮行為和逃避策略。佛法老師喬希・科達（Josh Korda）說，過度飲酒和服用娛樂性藥物是追求幸福的失敗嘗試，它們能讓人短時間擺脫困難的情緒，但反而帶來一連串的其他問題：強迫性購物、沉迷於螢幕、瞎忙、無止境地試圖控制他人——這些同樣注定會失敗的嘗試。

靜坐，不僅是為了細膩對待自己的生活，對周圍的人們和整個社區也都有好處。在困難的環境中，如果能夠「與當下在一起」，能夠深入聆聽每一個情境，並且默默地盡力而為，我們確實就能如鈴木禪師所說的：「照亮一個角落。」

冥想未必得是一個可怕、困難或雄心勃勃的計畫，不妨從五分鐘開始，輕鬆保持挺直的坐姿，把注意力集中在呼吸、身體的感覺或整個體驗上：思考、呼吸、聲音、渴望、不安的心、困頓的頭腦，以及自然浮現的任何事物。就這麼容易、這麼簡單。

「坐著就好」，意思真的就是坐著就好。不必改變或改善你的經驗，讓一切維持原樣，溫和地放鬆，接納當下的存在。

靜坐使我們進入生命，平凡而簡單，也讓我們以事物的本來面目認識它們，品味它們的風味，平靜地順應環境的變化。

靜坐幫助我們充實地生活，充分地回應，以最適當的方式，而非無盡無休地追求快樂，也並非躲避著痛苦。

在呼吸中尋找樂趣，讓一切浮現的事物都能被你接納。至於其他的事，它們會自行解決。

沒有寫到的事

一片葉子在孤獨中飄落。一朵雲呼喚你的名字。美麗而不便的雨。過度焦慮的客人，幾乎等同耶誕節的早晨。資產階級成功的誘惑。複雜的沉默，不明智的衝動，被遺忘的思想。慵懶的時間脈搏。無法理解的鳥語。我的各款浴袍。古老的魅力。心花。雨花。偷來的花。古代的錯誤。豆腐的優點。第三帝國的垮臺。下一個片刻。

注釋與致謝

感謝大名出現在本書中的老師和朋友，我已經盡力註明出處並徵詢使用許可。

P.10：Anne Lamott, '12 Truths I Learned from Life and Writing', dailygood.org/story/2187/12-truths-i-learnedfrom-life-and-writing.

P.39：Jeff Foster, 'Why Life Is Never As Bad As You Think', lifewithoutacentre.com/writings/why-life-is-never-asbad-as-you-think.

P.51：The Krishnamurti story appears in Jim Dreaver, End Your Story, Begin Your Life: Wake Up, Let Go, Live Free, Hampton Roads, 2012.

P.53：Suzuki Roshi in Edward Espe Brown, 'When You Are You, Zen Is Zen' in Will Yoga & Meditation Really Change My Life?, Stephen Cope (ed.), Storey Publishing, 2012, p. 125.

P.63：Ezra Bayda with Elizabeth Hamilton, Aging For Beginners, Wisdom Publications, 2018.

P.78：Johann Hari, Lost Connections: Uncovering the Real Causes of Depression-and the Unexpected Solutions, Bloomsbury, 2019.

P.81：Jean-Paul Sartre, No Exit (Huis Clos), Pearson, 1962 (first published 1944).

P.87：Joseph Goldstein, 'Mindfulness-The Real Deal, Beyond the Buzz', Rewire Me, rewireme.com/wellness/mindfulness-a-practical-guide-to-awakening-by-josephgoldstein.

P.110：Julia Cameron, 'Morning Pages', newyorkwritersintensive.com/wp-content/uploads/2012/05/morningpages.pdf.

P.111：Natalie Goldberg, Writing Down the Bones: Freeing the Writer Within, Shambhala, 2016, p. 172.

P.119：John Patrick (screenplay), Love Is a Many-Splendored Thing, 1955.

P.151：Jack Kerouac, On the Road, Penguin, 2000 (first published 1957).

P.154：Nguyen Anh-Huong and Thich Nhat Hanh, Walking Meditation: Easy Steps to Mindfulness, Boulder: Sounds True, 2006. See also Thich Nhat Hanh, Peace Is Every Step: The Path of Mindfulness in Everyday Life, Colorado: Bantam Books, 1992.

P.174：Ralph Waldo Emerson, 'Hamatreya', Poets of the English Language, W.H. Auden and Norman Holmes Pearson (eds), Viking Press, 1950; available online from poetryfoundation.org/poems/52341/hamatreya.

P.178：To access the talks of Gil Fronsdal visit audiodharma.org/teacher/1.

P.198：Anne Lamott, Operating Instructions: A Journal of My Son's First Year, Anchor Books, 2005, p. 112.

P.211：Romain Rolland, The Life of Michael Angelo, Frederic Lees (trans.), E.P. Dutton and Company, 1912.

P.229：Neem Karoli Baba in Ram Dass, 'Love Everyone: Lessons in Compassion', yogainternational.com/article/view/love-everyone-lessons-in-compassion.

P.234：Jon Kabat-Zinn, Wherever You Go There You Are: Mindfulness Meditation in Everyday Life, Hachette, 2005.

P.235：Victoria Roberts, 'Let's go to France' cartoon, fineartamerica.com/featured/im-going-to-france-im-adifferent-person-victoria-roberts.html.

P.246：Salvador Pantoja interview with Josh Korda, 'How a "Dharma Punk" Learned to Treat Addiction through Meditation', in asiasociety.org/new-york/how-dharmapunk-learned-treat-addiction-through-meditation.

P.247：David Chadwick, To Shine One Corner of the World: Moments with Shunryu Suzuki, Broadway, 2001.

國家圖書館出版品預行編目資料

善待自己的一年：12個月的療傷練習×生活提案，從最簡單的小事開始照顧自我／布莉姬．勞瑞（Brigid Lowry）著；呂玉嬋譯. -- 初版. -- 臺北市：日月文化出版股份有限公司，2023.11；256面；14.7×21公分. –（大好時光；75）
譯自：A year of loving kindness to myself : & other essays.
ISBN 978-626-7329-68-9（平裝）

1.自我肯定　2. 自我實現　3. 生活指導

177.2　　112015459

大好時光 75

善待自己的一年

12個月的療傷練習×生活提案，從最簡單的小事開始照顧自我

A Year of Loving Kindness to Myself: & Other Essays

作　　者：布莉姬．勞瑞（Brigid Lowry）
譯　　者：呂玉嬋
主　　編：藍雅萍
校　　對：藍雅萍、張靖荷
封面設計：Ancy Pi
美術設計：林佩樺

發 行 人：洪祺祥
副總經理：洪偉傑
副總編輯：謝美玲
法律顧問：建大法律事務所
財務顧問：高威會計師事務所
出　　版：日月文化出版股份有限公司
製　　作：大好書屋
地　　址：台北市信義路三段151號8樓
電　　話：（02）2708-5509　傳　　真：（02）2708-6157
客服信箱：service@heliopolis.com.tw
網　　址：www.heliopolis.com.tw
郵撥帳號：19716071 日月文化出版股份有限公司

總 經 銷：聯合發行股份有限公司
電　　話：（02）2917-8022　傳　　真：（02）2915-7212
印　　刷：禾耕彩色印刷事業股份有限公司
初　　版：2023年11月
定　　價：350元
I S B N：978-626-7329-68-9